4·16구술증언록 단원고 2학년 3반 제8권

그날을 말하다

지현 엄마 심명섭

이 도서의 국립중앙도서관 출판예정도서목록(CIP)은 서지정보유통지원시스템 홈페이지(http://seoji.nl.go.kr)와 국가자료공동목록시스템(http://www.nl.go.kr/kolisnet)에서 이용하실 수 있습니다.
CIP제어번호: CIP2019008345

4·16구술증언록 단원고 2학년 3반 제8권

그날을 말하다

지현 엄마 심명섭

4·16기억저장소 기획 편집
(사) 4·16세월호참사가족협의회 지원 협조

한울

일러두기

1. 음절로 식별 가능한 소리를 들리는 대로 전사하는 것을 원칙으로 한다.
2. 의미를 파악하기 위해 추가 설명이 필요할 경우 [ ]로 표시한다.
3. 몸짓, 어조 등 비언어적 행위는 ( )로 표시한다.
4. 구술자가 말을 잇지 못해 말줄임표를 사용하는 경우 ……, …로 길고 짧음을 표시한다.
5. 비공개 영역은 〈비공개〉로 표시한다.
6. 비공개해야 하는 희생자 형제자매의 이름은 ○○, △△ 등의 도형기호로, 생존자의 이름은 A, B, C 등 알파벳 대문자로 표시한다.
7. 비공개해야 하는 제3자는 직분이나 소속, 성만 공개하고, 이름은 ××로 표시한다. 비공개해야 하는 숫자는 자릿수에 상관없이 □로 표시하며, 지명은 □□로 표시한다.

책머리에

4·16기억저장소에서는 세월호 참사 5주기를 맞아 구술증언 수집 사업의 결과물 일부를 100권의 책으로 발간하게 되었습니다. 이 사업은 2015년 6월부터 다양한 학문 분야 구술 연구자들의 자발적인 참여로 진행되어 왔으며, 세월호 참사를 좀 더 정확하고 다각적으로 기록하고 기억하고자 하는 노력의 일환으로 수행되었습니다.

2014년 참사 발생 이후, 참사 피해자들의 목격담과 경험은 안타깝게도 공식적인 국가기관과 언론의 기록 속에서 철저히 소외되거나 왜곡되었습니다. 그것은 세월호 참사가 우리에게 안긴 죽음과 고통의 충격만큼이나 우리 사회의 끔찍한 비극이었습니다. 따라서 사업을 진행하면서 세월호 참사 희생자 가족, 생존자, 생존자 가족, 어민, 잠수사, 활동가, 기자 등등, 참사의 초기 과정을 직접 경험한 분들의 증언을 우선적으로 수집했습니다. 구술자는 이 사업의 취

지와 방식에 개인적으로 동의한 분 중에서 선정했으며, 참여 과정에 어떠한 금전적 보상이나 이익이 제공되지 않았습니다. 또한 구술증언 수집 사업을 진행하는 동안, 면담자는 연구자이자 참사를 겪은 공동체 시민으로서 최대한 윤리적이고자 노력했습니다.

구술자마다 매회 약 2시간씩 3회를 원칙으로 음성 녹취와 영상 촬영을 하는 방식으로 진행되었고, 증언의 일관성을 확보하기 위해 면담자는 큰 틀에서 공통 질문지를 사용했습니다. 공통 질문지의 내용은 참사와 구술자 간의 관계성에 따라 차이가 있지만, 유가족 구술의 경우 1회차 '참사 이전의 삶, 팽목항과 진도에서의 경험, 자녀에 대한 기억'을, 2회차 '참사 이후 투쟁과 공동체 활동 경험'을, 3회차 '참사 이후 개인 및 가족이 경험한 삶의 변화와 깨달음, 자녀의 현재적 의미'를 중심으로 했습니다. 이처럼 증언 내용은 참사 이전에서 시작해 참사 발생 당시의 경험과 이후의 변화 과정까지 폭넓게 수집했고, 면담자는 구술 채록 과정에서 구술자의 발화를 최대한 존중하고자 했으며, 무엇보다 각자의 특수한 경험과 다른 시각을 충실히 반영하고자 했습니다.

이 구술증언록의 발간을 위해, 채록된 음성 자료는 문서로 변환해 구술자와 함께 검토했고, 현재 시점에서 공개할 수 있는 영역과 할 수 없는 영역으로 구별했습니다. 따라서 책에 실린 내용은 모두 구술자로부터 공개를 허락받은 부분입니다. 비공개 영역은 추후 구술자의 동의를 받아 적절한 절차를 거쳐 추가로 공개될 수 있으리라 생각합니다.

이 구술증언록 100권에는 그동안 우리 사회에 왜곡되어 알려지거나 잘 알려지지 않았던, 참사 발생 직후 팽목항과 진도 혹은 바다에서의 초기 상황에 관한 중요한 증언이 포함되어 있습니다. 또한, 자녀를 잃는 잔인하고 애통한 상황을 겪으면서도 그 누구보다 강인한 정치적 주체로 성장할 수밖에 없었던 유가족의 마음과 경험을 구체적으로, 그리고 여러 각도에서 살펴볼 수 있습니다. 그 외에도, 이 구술증언록은 2014년을 전후한 한국 사회의 여러 측면을 드러내는 귀중한 자료가 되리라고 생각합니다. 무엇보다 국내외의 많은 분이 이 책을 읽어, 장차 세월호 참사의 진상 규명과 역사 서술에 기여할 수 있기를 바랍니다.

구술증언 수집 사업이 진행되고, 책으로 출간되기까지 많은 분의 도움과 지지가 있었습니다. 이 지면을 빌려 부족하나마 감사의 말씀을 전하고자 합니다.

먼저 (사)4·16세월호참사가족협의회와 4·16기억저장소에 감사를 드립니다. 이분들의 신뢰와 적극적인 협조가 없었다면, 이 사업은 처음부터 시작할 수조차 없었을 것입니다. 또한 어려운 정치 환경 속에서도 사업의 취지에 공감해 재정 지원을 결정해 준 아름다운가게와 역사문제연구소에 감사드립니다. 두 단체 덕분에, 이 사업을 4년 동안 계속해 올 수 있었습니다. 그리고 구술증언록 100권의 발간에 동의하고, 바쁜 일정에도 출판 실무를 기꺼이 맡아주신 한울엠플러스(주)에도 감사를 드립니다. 이 외에도 많은 개인과 단체가 직간접적으로 많은 도움을 주시고 격려해 주셨습니다. 여기에 모두 밝히지 못하는 것을 죄송하게 생각합니다.

말할 필요도 없이, 가장 크고 또 가슴 아픈 감사는 구술자 한 분 한 분께 드리고자 합니다. 이 책이 발간될 수 있었던 것은, 무엇보다 용기를 내어 아픔과 고통의 기억을 다시 떠올리고 장시간 진심으로 이야기를 해주신 구술자가 있었기 때문입니다. 오랜 시간 이야기를 나누며 함께 공감하기도 했지만, 그 아픔과 고통을 어떻게 가늠할 수 있을까 싶습니다. 더 큰 도움이 되지 못함을 안타까워하며, 이 구술증언록 100권의 발간이 피해자분들에게 조금이라도 위로가 될 수 있기를 기원합니다.

2019년 4월

4·16기억저장소 구술팀 책임자
서울대학교 인류학과 교수 이현정

차례

■ 1회차 ■

■ 2회차 ■

■ 3회차 ■

지현 엄마 심명섭

구술자 심명섭은 단원고 2학년 3반 고 황지현의 엄마다. 엄마에게 지현이는 밤새도록 속닥속닥 수다를 떠는 다정한 친구와 같았다. 책 읽는 것을 좋아했던 지현이를 그리워하며 엄마는 책 읽는 아이들 곁에서 봉사활동을 이어가고 있다.

심명섭의 구술 면담은 2016년 1월 6일, 18일, 2월 2일, 3회에 걸쳐 총 3시간 동안 진행되었다. 면담자는 이호신, 촬영자는 김향수·장서연이었다.

구술자 본인의 프라이버시나 제3자의 프라이버시를 보호해야 할 부분을 제외하고는 구술자의 발화를 있는 그대로 전사했다.

1회차

2016년 1월 6일

1
시작 인사말

면담자 이 구술증언은 4·16 사건에 대한 참여자들의 경험과 기억을 기록으로 남김으로써 이후 진상 규명 및 역사 기술에 기여하고자 합니다. 지금부터 심명섭 씨의 증언을 시작하겠습니다. 오늘은 2016년 1월 6일이며, 장소는 안산시 단원구 4·16기억저장소입니다. 면담자는 이호신이며, 촬영자는 김향수입니다.

2
구술 참여 동기

면담자 먼저 이 구술증언 사업에 참여하시게 된 동기에 대해서 말씀을 해주시겠습니까?

지현 엄마 일단은 애들 사고가 났구요. 아무것도 안 하는 거보다 뭐라도 하면은 마음도 좀 편하지 않을까 해서요. 아는 건 없지만은… 그래도 워낙 이런 거 하는 거 안 좋아하는데… 그냥 답 준 거예요. 기현 씨가 물어봐서 그냥… 이런 거 있다 그래서 '그렇다' 답한 건데, 어떻게 전화가 와가지고 하게 됐는데. 제가 나서서 이렇게 하는 스타일은 아니거든요. 도언이 엄마 같은 스타일은 뭘 이렇게 찾아서 나서서 하는 스타일이고 제 스타일은 또 그런 거 아닌데… 그래도 머릿수래도 채워주려고, 어디든지, 광화문이고 어디고 저는 머릿수래도 채워준다는 생각으로 그냥 하거든요. 아는 거 없어도.

면담자 이 구술증언 기록이 어떤 목적으로 사용되기를 원하십니까?

지현 엄마 (한숨) 거의 다 똑같지 않을까요? 마음이 다… 다 생각이 거의 비슷비슷할 것 같은데요. 겹치고…. 그래도 하나래도 뭐래도 건지면, 그래두 진상 규명이든 뭐든 좋은 데 쓰여졌으면 좋겠죠.

면담자 예. 진상 규명하는 데 그래도 이런 이야기들이 좀 도움이 될 거라고 생각하시는 거죠?

지현 엄마 되면은 좋죠. 안 되는 것보다…. 뭐래도. 그래도 억울하게 갔잖아요. 애들이 일단은 그냥 저기 한 건 아니니깐.

면담자 청문회도 작년에 하고 그랬었는데, 뭐 진상 규명이나 이런 것과 관련된 기대 같은 것들 혹시 뭐 좀 말씀해 주실 수 있나요?

지현 엄마 기대요?(한숨) 거의 기대는 한다고 볼 수가 없겠죠. 뭐래도 밝혀지면 좋은데, 진도에서도 오래 있어 봤지만, 나는 그 사람들, 워낙 해수부 장관이든 누구 보면 다 되게 위대하잖아요, 다 똑똑한 사람이고. 내가 못 배웠으니깐…. 근데 진도에서 있다 보니깐 대통령이래도 뭐 다 똑똑한 사람들이 없더라구요. 그렇게 다 멍청해 보이더라구…. 시키는 것만 하고, 다 하지도 않고. 그러니깐 그렇게 큰 기대 안 했어요. 워낙 다 입 맞추고, 돈 있는 사람들 다 짜고 치는 고스톱이라고, 자기네들끼리 다 저기 하고 그러니깐, 큰 기대 안 하고. 아무래도 뭐래도 안 하는 것보다 낫겠죠, 그래두. 말이래도, 그 사람들도 말도 저기 하게 못하고, 대답도 잘 모르겠다 그런 것도 그렇고. 그래도 한 번 가 봤거든요, 청문회에, 한 번은. 워낙 새벽에 일찍 가는 거라, 가기가 힘들어요. 집이 멀어요. 제가 사동이라… 아침에 나오는 게. 거기서 나올래면 7시까지 차를 탈래면, 힘들어서 한 번 딱 왔어요. 아침에.

3
안산 정착

면담자　　그럼 이제 4·16 사건 이전의 삶에 대해서 좀 여쭤보겠습니다. 언제부터 안산에 사시게 됐죠?

지현 엄마　　안산에 오래 살았어요. 그러니깐 제가 22살 때부터 살았으니깐… 엄청 오래 살았고요. 저희가 사동에 살았었어요. 저기 본오아파트, 거기 살다가 이쪽으로 오는데, 지현이 7살 때. 지현이가 외동딸이에요. 그래서 저 사촌들이 딸내미가 둘이 있거든요, 이쪽 고잔동으로. 그래 가지고 걔네들 학교 같이 어울려서, [지현이는] 혼자니깐 외로우니깐, 어렸을 때는 아무래도, 초등학교 때는 같이 [어울리는 게] 또 필요하잖아요. 혼자 노는 것보단 같이 노는 게 편하니깐…. 그래서 7살 때 이사 왔거든요. 이쪽 고잔동 쪽으로.

그래서 중학교를 또 멀리 다녔어요, 광덕중학교. 고잔초등학교는 조카랑 같이 나왔는데, 광덕중학교는 워낙 차가 거기가 한 30분에 하나씩만 있어요. 학교도 계단으로 가운데 타고 올라가야 되고, 가장자리 쪽은 주차장인데, 못 올라가게 되어 있어요. 그러니깐 가운데 길, 계단을 아침부터 200계단 넘게 올라가는가 그 정도로……. 제가 한번, 맨 처음 가는데 휴, 그러니깐 3년은 거기 그렇게 힘들게 다녔어요.

[지현이가] 고등학교는 단원고 [배정돼] 가지고 엄청 좋아했었거든요. 맨 처음에는 지가 "엄마! 나 여기[단원고]로 안 떨어졌어." 그러더라구요. 그래서 "힘들겠다" 그랬더니 거짓말로 [그랬다고]. 이제 근데 조카는 고등학교 가까운 [단원고에 배정되는] 대신 신길고라고…. 한 사람은 울고 한 사람은 또 좋아하고 그랬는데… 또… 이렇게 된 거죠.

면담자 어머니에 대해서 조금 더 초점을 맞춰서 여쭤볼게요. 원래 고향은 어디시고 유년기는 어떠셨는지?

지현 엄마 고향은 용인이구요. 경기도 용인인데…. 작은아빠가 여기 회사에 공단에 있었거든요. 그래서 공단에 있는 회사로 22살엔가 왔거든요.

면담자 22살에, 그러니깐 공단에 이제 취업하시면서?

지현 엄마 같은 회사에서 이렇게 지현이 아빠 만나고….

면담자 　그 공단에서 주로 어떤 일?

지현 엄마 　단추 같은 거, 저기 실 채우고? 조개단추 그런 거 하는 현장에서 일했었거든요.

면담자 　그러면 이제 아버님을 만나게 된 이야기 조금 해주실 수 있으세요?

지현 엄마 　같은 회사에서, 아주버님이랑 형님이랑 같이 부서에서 같이 일했거든요. 그래 가지고 있다 보니깐, 어떻게 또 형님네 집에 놀러가고 그러니깐. 또 시동생이니까, 아무래도 같은 회사라 자꾸 이렇게 왔다 갔다 하다 보니깐(웃음).

면담자 　그럼, 결혼하시고 나서부터 안산에 살기 시작하셨던 거예요?

지현 엄마 　결혼하기 전서부터 살았던 거죠. 결혼을 26살에….

면담자 　지현 어머님은, 직장 다니기 시작하면서부터 안산에 사셨고, 결혼하고는 사동에 자리를 잡으셨다는 말씀이네요. 그럼 결혼하고 나서도 계속 직장을 다니셨어요?

지현 엄마 　아니요, 1년 다니고 지현이 낳으려고. 근데 제가 불임증이 한 7년 정도 있었어요. 그래 가지고, 결혼하고는 딱 직장을 1년만 다니고. 그때 애가 없어 가지고, 그때부터 불임병원 다니면서, 부업하면서. 그러다가 거의 7년? 스물여섯에 결혼했으니깐, 33살에 그때 저기 해가지고 33살에 낳았으니깐, 지현이를.

면담자 그럼, 불임시술 같은 걸 굉장히 많이 하셨겠네요?

지현 엄마 예, 수원도 가서 하고. 안산서 임×× 의원 같은 데 가서도 하고, 그리고 좋다는 한약 같은 것도 여기저기 다니면서 먹고 그런 게 많았죠.

면담자 그러면 아버님은 아까 말씀하셨던 그 직장을 계속 다니셨던 거예요?

지현 엄마 아니요. 몇 년 다니다가 그만두고, 또 에레베터[엘리베이터] 하다가 이것저것 하다가, 지금은 자동차 부품회사 다니거든요. 지금 한 16년, 17년? 지현이 낳을 때쯤엔 다른 데 다녔을 땐데, 지현이 낳고 나서 조금 있다 바로 지금 회사 들어가서….

면담자 지금 아버님 회사를 조금 더 자세하게 이야기해 주실 수 있나요? 그러니깐 어떤 일 하시는지?

지현 엄마 자동차 피스톤이라고, □□피스톤이라 그래서 자동차 피스톤 만드는 회사거든요. 근데 거기도 맨 처음에 못 들어가 가지고 근데 누구 대리님 소개로던가 거기 들어가게 됐거든요. 지금은 거의 자리 잡았는데, 맨 처음에는 그때까지 좀 힘들었죠, 살기가. 근데 지현이 태어나고서부터 이제 지금은 자리가 잡은 상태죠. 저도 혼자니깐 일을 길게는 못 다녔어요, 지현이 때문에도. 짧은 일만. 지현이 한 초등학교 2학년 땐가 그때부터, 부업도 하면서, 짧은 일, 낮에 4시까지만, 3시까지 하는 일들을 했어요.

면담자 부업은 어떤 거 주로 하셨어요?

지현 엄마 이것저것 다요. 맨 처음에는 ××압력밥솥에서 압력밥솥 공기 빼는 거 하고, 나중에는 자동차 그런 거 부품 조금 하다가, 회사 앞에서. 애기 없을 때 부업 또 그런 것도 하고.

면담자 그러면 주로 짧게 일하시고, 지현이가 이제 학교 끝나고 돌아올 시간 되면 마칠 수 있었겠네요?

지현 엄마 아니, [지현이] 돌아오는 시간[에 맞춰서 일을 마칠 수는 없어서] 돌아와서도 거의 [제가] 없었어요. 대신 이제 아빠가 주야간 했거든요. 주야간 해서 집에 있을 때도 있고 그러니깐. 그리고 조카네도 가깝고 또 학원 다니고 이러니깐, 애들이 집에 안 있잖아요. 갔다 와서 학원하고 그러니깐 [그 시각까지 일을 했죠], 그래도 저녁엔 [집에] 있어야 하니깐 [지현이가] 혼자니깐, 그래서 짧은 시간 [하는 일로]….

면담자 주로 가정주부로 계시면서 중간중간에 부업을 조금 하셨던 거네요. 혹시 종교를 가지고 계시나요?

지현 엄마 종교는…. 절을 조금 다녔는데 열심히는 안 다니고, 1년에 한 세 번 정도? 저기 초팔일 날하고, 칠석날하고, 지현이 아빠가 생일이 칠월칠석날이거든요. 그래서 공을 들여야 한다고 그렇게 다녔고. 그것도 어느 정도, 지현이 태어나기 전서부터 다녔었어요. 다니다가 한 몇 년 전서부터 형제계가 맨날 초팔일 날이 껴서, 시댁이 형제가 여덟인데 지현이 아빠가 여섯째거든요. 그래서 형제계가 맨날 있으니깐 이게 제대로 못 가더라구요. 그래서 한 몇 년은 절에를 제대로 못 갔어요, 다니는 둥 마는 둥.

면담자　그러면 원래는 절에 조금씩 다니는 정도였던 거네요?

지현 엄마　예, 절에 1년에 세 번 정도 가다가, 지금은 지현이를 절에다 올려놔 가지고 이제 시간될 때마다 가요.

면담자　그러면 안산에서 했었던 또 다른 사회활동이라든가, 주변에 사람들이랑 어울려서 지냈던 이런 이야기들 좀 해주세요.

지현 엄마　같이 동네 살던 저기들만 모임이[을] 이렇게 하고, 사회활동은 거의 안 했다고 봐야죠.

면담자　동네 분들이랑 그냥 친목활동?

지현 엄마　예, 친목회만 두 개 정도 이렇게 하고. 제가 큰딸이거든요. 친정에서 큰딸이고 시댁에서는 지현이가 막둥이고 큰손녀고 그래요. 지현이가 그래서 좀……(한숨).

4
4·16 참사 전 일상생활, 지현이와의 일화

면담자　예. 그럼, 이제 보통 때, 평일 하루의 일상을, 아침에

눈을 떴을 때부터 밤에 주무실 때까지 어떻게 지내셨는지? 요건 이제 사건 이전이죠, 보통.

지현 엄마　그때는 일 다니면서 제가 시간이 낮에는 부업하면 돈이 안 되잖아요. 그래 식당에 한 번 나가니깐, 이렇게 술 같은 거 안 파는 데, 백반집 같은 데 다녔거든요, 낮에 점심 장사만. 그래가지고 아침에 지현이 학교 보내놓고 나가서, 한 4시, 4시 정도? 그때까지 계속 일을 다녔어요. 그 대신 토요일 날, 일요일 날은 일 안 다니고, 월요일 날부터 금요일 날까지 맨날 쳇바퀴 돌듯이…. 맨날 그렇게 돌고 그랬죠.

면담자　식당에서는 뭐… 서빙 같은 거?

지현 엄마　아니요. 서빙은 안 하고 주방에서 거의 보조하고 음식도 좀 만들고… 그 정도로.

면담자　그러면 주말에는 어떻게 보내셨어요?

지현 엄마　식구들이랑 왔다가 온천도 다니고, 그냥 갈 데 있으면 가고. 거의 그런 거 하는 거죠.

면담자　그중에 기억 남는 특별한 일들 있으세요?

지현 엄마　여행도 1년에 몇 번씩은, 한두 번씩은 [다녔어요]. 한 몇 년 전서부터 외도부터 시작해 가지고 태안 그쪽으로도, 강원도 쪽도 가고. 사고 나기 한 달 전에는 부산도 갔다 오고 그랬거든요. 그래서 제주도만 [안 갔었는데] 이번에 사고 나고 나서 제주도 갔다 오고, 요번에 [사고 난 뒤] 1년 [지난] 생일에. 지현이 생일이 10월 29일 날이에요. 그때쯤 못 미쳐서 지현이 아빠 힘들어하길래 [갔다 왔어요]. 회사 다니니깐….

저는 성격이 좀 긍정적이에요. 지현이 찾기 전에가 힘들었고. 찾고 나니깐, 그나마 저보다 못한 사람이 있으니깐 마음이 좀 가벼워서. 그래도 눈물이 날 땐 나는데, 그래도 될 수 있으면 안 울려고 노력해요. 근데 아빠는 회사 다니니깐 그런 게, 좀 푸는 게 술. 아무래도 술을 먹으면, 저는 술을 한두 잔 먹다가 지금 거의 술을 안 먹는 상탠데, 술을 먹으면 마음이 조금 그렇잖아요. 우는 게 좀 심해요. 우울증 같은 게…. 그래서 제주도에, 저번에 10월 달에 한 번, [2014년] 10월 달에 한 번 갔다 오고. 그 전에[지현이가 살아 있을 때]는 1년에 [한 번씩] 포천 쪽으로 가평 쪽으로도 갔다 오고, 그런 식으로. 아빠가 주야간 하니깐 거의 바빠요. 맨날 회사 다니는 게 맨날 그[바쁘]니깐 [같이 다닐 수 있을 때 최대한] 지현이랑 많이 다녔고, 먹는 것도 그렇고, 걔한테 맞춰서 많이….

면담자 그러니깐 아버님이 회사에서 주야로 일하시면서 주말에 꼭 쉬는 건 아니었겠네요?

지현 엄마 예, 예. 쉴 때도 있고 안 쉴 때도 있고 그러니깐. 여행 가고 그럴 때는 쉬고. 또 [아빠가] 안 쉴 때[는 제가] 거의 지현이랑 활동하는 게 많죠. 사고 나기 얼마 전까지도 잠도 거의 같이 잤어요. 걔가 엄마랑 떨어져 혼자 못 [자니까 걔랑 저랑] 그렇게 자게 되더라구요. 영화 같은 거는 무서운 걸 많이 좋아하는데도, 책 같은 것도 무서운 거 많이 읽어요. 그렇게 책 같은 거 찾아 읽는데, 겁이 많아서 혼자 자는 건 힘들어하더라고요. 그래서 거의. 또 지현이 아빠는 새벽에 일찍 나가니깐 초저녁[에] 일찍 자요, 한 7, 8시면. 일찍 오면 그 정도에 자고, 늦게 와도 한 10시 전에 자고. 근데 [저는] 늦게 자고 그러니깐 거의 지현이하고 같이 [잤어요]. 운동도 같이 많이 다니고. 운동은, 밥 먹고 나면. 거의 덩치가 좋아요, 걔도 그렇고 나도 그러고. 그러니깐 거의 산책하는 거. 초등학생, 어릴 때부터 거의 저녁에도 산책을 많이 해요, 이렇게 한 시간씩 돌고.

면담자 　같이 운동도 하고 그러니깐 친구 같은….

지현 엄마 　예, 그렇죠. 하나니깐 아무래도. 그런 게 딸이고, 그러니깐 많이 그렇긴 하죠.

면담자 　지금 몇 가지 이야기해 주시긴 했는데요. 지현이와 함께한 삶에서, 그래도 가장 기억에 남는 일화가 있다면 어떤 건지?

지현 엄마 　같이 어렸을 때부터, 초등학교 때는 맨날 서울대공원에 [놀러 다녔어요], 둘이. 다른 사람 안 끼더래도. 젤 처음 어렸을 때는 대공원도, 나중에는, 초등학교 때는 엄마랑 같이 맨날 서울대공원에도 눈썰매래도 가서 태워준다고, 놀이기구 같은 거. 겨울 같으면 사람이 많지 않잖아요. 그니깐 그런 데 가서 태워주구 그런 게 많이 그렇죠…. 그래도 운동 다니고 그런 거….

면담자 운동도 많이 다니시고, 같이 여행도 많이 가시고, 그래도 비교적 추억이 굉장히 많으신 거 같아요.

지현 엄마 혼자니깐. 걔도 그렇고 나도 그렇고. 아무래도 시간을 또 많이 저기 해줘야 되니깐. 중학교, 고등학교 들어가고 그러면 아무래도 시간이 많이 없잖아요. 그니깐 어렸을 때는 그랬는데, 아무래도 좀 크니깐은 그런 게 없었지, 대공원 그런 거 가는 것도 엄마랑 안 가고 지네들끼리 갈라그러고. 초등학교 때까지만 엄마 필요하지, 그 나머지는 엄마 필요하지 않은데, 그래도 엄마, 엄마 많이 해요. 그러고 "사랑해 달라" 그러고. 외로움을 쫌, 그런 게 많이 있더라구요. 영화관 같은 데 갈 때, 지가 보고 싶으면 "친구들하고 같이 가" 그러면, 친구들이 애들이 영화 보고, 밥 먹고, 그러면 돈이 그렇게 넉넉하지 않잖아요. 지현이는 돈 같은 게 좀 풍부했거든요. 시댁도 얘가 막둥이니깐 용돈 주는 사람도 많고, 집에서도 그렇고. 친정에 가도 외할머니가 [용돈 주시고]. 또 맨날 돈 주는 사람이 많으니까는 돈이 항상 남아돌았어요. 지금도 통장에 600만 원 정도 그 정도 남겨놓고 갈 정도로. 세뱃돈 같은 그런 것도 그렇고. 그래도 나중에 대학교 가면은 일본 같은 데도 여행 가고, 대학교 다니면 그거 가지고 용돈 하라고. 용돈 주더래도 부모가 주는 거 몇십만 원 줘도 부족하잖아요, 대학교 다니고 그러면. 그런 돈 가지고 일본도 가고. 일본 가고 싶다 그러니까는 그런 데도 가보라고… 그랬었는데, 이번에 고등학교 졸업 앞둔 애들이 외국 가고 그래서 그런 게 좀 아쉽더라구요. 우리 딸도 살았으면은 그런 데도 가고 싶지 않았을까…. 애들 성형하고 그러잖아요. 요새 그런 게…….

5
4·16 참사 전 양육 및 교육관

면담자 　지현이를 키우면서 특별히 중요하게 생각하셨던 것들 몇 가지 이야기해 주실 수 있을까요? 특별히 뭐, 공부를 잘해야 된다, 아니면 친구랑 잘 지내야한다, 뭐 이런?

지현 엄마 　그렇죠. 공부. 덩치가 크니까는. 진짜 보니까는 어렸을 때부터 애들이 놀이터에서 노는 거 많이 봐요. 집 앞에, 본오아파트 있을 때, 바로 앞이 놀이터였어요. 근데 애들이 같이 이렇게 무리 지어 놀다가도 한 애는 꼭 왕따 시키더라구요. 애들이 그래서, 우리 딸 덩치가 크니까, 좀 애들한테도 뭐 저기 하지 않을까, 그런 게 항상 신경 쓰였어요. 항상 물어보고 그래요. 너는 친구들이 저기 하니? 그러니깐 성격이 되게 좋아요. 우리 세 식구 중에서도 걔가 성격이 되게 긍정적이에요. 딱 삐지고 그런 게 없어요. 한 5분도 안 가서 금방 풀어지고, 되게 성격이 노래도 잘하고 글씨도 잘 쓰고 모든 게 다.

[그러다 보니] 공부도[가] 너무 처지는 거. 그래서 공부 처지는 거 원하지 않아서 어렸을 때부터 검도고 바둑이고 뭐고 다, 미술이고 뭐고 다, 머리 집중력 같은 거 [기르는 데 도움이 되는 거라면] 다 했거

든요. 그랬더니 머리가 좀, 아빠가 좀 머리가 좋아요. 지현이 아빠가 그래서, 걔도 머리가 좋더라구요. 공부를 하나도 안 해도, 벼락같이 이렇게 시험 볼 때 며칠만 공부해요. 그래도 항상 영어 같은 거 90점 넘고, 수학 같은 것도 점수가 항상 괜찮게 나오는 편이었거든요. 다른 거, 인제 다른 점수에서 좀 깎이고. 그래서 친구들한테 그런 게 좀 떨어질까 그랬더니, 친구가 의외로 많고, 노래방도 한번 갔는데 노래도 되게 좋아하거든요. 노래방 노래도 엄청 잘하더라구요. 글씨도 항상 잘 쓴다고, 자기가 자기 칭찬하고 보여주고 그런 게…. 그림도 잘 그리고, 그림도 캐릭터 쪽으로 그런 거. 그림도 항상, 어렸을 때부터 맨날 스케치북 사주면 맨날 그림 그리고. 6살 때, 7살 때 애가 학원을 다니는데 웅변학원을 보냈어요. 웅변도 일부러 웅변학원을 보냈는데, 거기서 원장 선생님이 미술을 전공하셔 가지고 특강을 시켜가지고 그때부터 미술을 잘 그리더라구요. 초등학교 때도 좀 특강을 또 한 번 시켜주고, 학교에서 이렇게 그게 하는 거. 그래서 그것도 해줬더니 그림도 잘 그리고 그랬어요.

[고등학교] 올라가서 1학년 때까지는 복습 같은 거 잘 안 해요. 시험 볼 때만 이렇게 하지. 학원을 다녀도 학원도 영어 학원, 1학년 때는 과외 같은 거 좀 하고, 수학 같은 거. 사고 나기 전에는 수학 학원은 아직 안 다녔고 좀 있다 또 알아봐야지 했는데…(한숨). 근데 그래도 공부는 2학년 때부터 학교 갔다 오면 복습을 하더라구요. 그래서 지가 좀 느끼나, 뭘 하나 [싶었어요]. 워낙 머리가 늦게 트이는 머리래요, 지현이가 옛날부터 그렇게….

면담자 이제 조금 다른 이야기를 여쭤보겠는데요. 살면서 세상 돌아가는 일이나 그런 것들에 관한 정보도 필요할 거고, 또 이제 지현이가 고등학교 2학년 됐으니깐 입시 관련 정보 같은 것들이 필요하잖아요? 이런 것들은 어떻게 얻으셨는지?

지현 엄마 아직… 그때까지는, 그것까지 긴박하지 않더라구요. 저는 그냥 지가 하고 싶으면. 근데 워낙 미술을 좋아하니깐 그래서 "미술 쪽으로 가라, 학원 보내줄게" 그랬더니 또 그건 하고 싶지 않대요. 내가 옛날에, "미술[그림] 그리면 밥 빌어먹는다" 그런 소리한 적 있었거든요. 그런 게 좀 그런 식으로 머리에 좀 [그런 인상이 박히지 않았나…. 그림 그리는] 사람들 보면 능력이 없어 보였어요. 이렇게 밥벌이도 안 되고 그런 거. 그런데 그런 거 말해서 그런지, 지도 원하지 않더라구요. 그냥 취미로만 하는 거 원하고.

나중에 국어 같은 거, 책 읽고 그러는 거 좋아해요. 나중에 지가 "국어 같은 거 그런 거 하면 어떨까?" 그러더라고요. 그러더니 나중에 2학년 때 가서는 중국어를 배우더니 중국어가 너무 재밌대요. 그래서 그런 과, 중국어 쪽으로 가면 어떨까 그때는 그랬는데… 아직은 그렇게 2학년 초니까는 그렇게 [급하게 생각은 안 했어요]. 그러고 사촌이 이렇게 지현이랑 동갑내기, 그 위에 언니가 있었어요. 걔랑 같이 얘기하고 해서 하라 그러고. 아직은 급하게 그러지는 않았거든요. 입시 정보 같은 거는.

면담자 그러니깐 주로 사촌이나 가족 간에 만나서 그런 이야기들 나누거나, 도움을 좀 얻었고, 뭐 그 정치라든가 이런 문제들에 대해서는 관심이나 이런 거는?

지현 엄마 관심은 없었죠.

면담자 예….

지현 엄마 그냥, 제가 버스 타고 맨날 거기 출근했어요, 식당 다닐 때. [출근길에] 이렇게 시청 앞에서 천안함 같은 거, 왜 1주기, 2주기, 3주기, 4주기 [맞이할 때마다]… 그런 식으로 [현수막] 보면은, 그 앞을 지나가도 관심도 없었어요. 사고 나고 그런 것도, 이렇게 테레비에서 나오면 곧이곧대로 다 믿고 그러잖아요, 사고 나기 전에는. 지금은 그런 거 거의 믿지도 않지만은, 거의 반반이잖아요. 거의 안 믿는 것도 있고, 약간 저기 뭐 부풀려서 얘기하고 그러는데, 그때까지만 해도 별…, 맨날 사는 거는 그렇게, 몇 년 전서부터는 그렇게 사는 게 바쁘지 않았어요. 지현이 아빠도 어느 정도 안정됐고, 회사도 또 힘들면 집에서 쉬라 그럴 정도로, 일 안 다녀도 될 정도로 생활이 어느 정도 있으니까는. 지금은[당시에는] 그랬는데… 그래도 별로 정치 같은 데는, 그런 거는 제가 그렇게 똑똑하진 않거든요. 그래서 관심이 별로 그렇게….

면담자 그러면 투표 같은 거는?

지현 엄마 그런 건 열심히 했어요. 근데 거의 저희는, 지현이 아빠도 전라도 쪽이고 그래 가지고, 저희는 거의 민주당 쪽이거든요. 거의 그쪽으로 야당 쪽으로 거의 많이….

면담자 계속 쭉, 그니까 원래 아버님이 고향이 전라도시고….

6
수학여행 준비 과정

면담자 수학여행과 관련해서 수행여행 준비하고 이런 것들에 대해서 여쭤보겠는데요. 수학여행 출발하기 전에 여행에 대해서 어떤 이야기를 알고 계셨죠?

지현 엄마 지현이는 수행여행 가는 자체를 싫어했어요. 얘가 "배 타는 거를 안 가면 안 되냐"고 그럴 정도로. "배 타는 게 오래 탄다" 그러니까 지겨워했거든요. 그래서 "안 가면 안 되냐"고 그랬는데, 얘가 초등학교 때부터 수학여행을 한 번도 못 갔어요. 신종플루[신종 인플루엔자]도 있었고, 중학교 때는 광덕중학교에서 수학여행 대신 4박 5일 동안 영어마을을 갔었어요. 그래 가지고 수학여행을 고등학교에서 처음 간 거예요. 그래서 한 번도 못 갔는데, 그래도 [이번에는 수학여행] 가는데 가야 되지 않냐고 [내가] 그런 식으로 [설득]해가지고 [가게 된 거예요]. 나중에는 수학여행 가기 한 하루 이틀 전에서 기냥 저기[조금 신나] 했지, 가는 자체는 싫어했어요. 수학여행 가는 자체는, 배 타는 자체를 막 흥분돼서 좋아하는 것도 [아니고].

캐리어 같은 거 사준대니깐 그런 것도 필요 없다 그러고, 당일 날 캐리어도 짐을 싸다 보니깐 이렇게 짐이 많잖아요. 아무래도 4박, 3박 4일 가니까는 짐이 많으니깐 그때서 필요하다, 그날 짐 싸기 전날부터 필요하다 그러더라구요. 그래도 사달란 말은, 욕심 같은 게 없어요, 애가. 옷 같은 것도 그렇고. 메이커 같은 거, 덩치가 워낙 있어서 그런지, 어릴 때는 초등학교 때 같이 맨날 가서 인제 메이커래도 하나 사줄려고 그래도, 옷 입어보고 벗고 그러는 게 싫으니깐 [잘 안 가려고 했거든요]. 지금은 혹시 저기 인터넷 같은 데, 11번가 같은 데, 그런 데서 지가 옷 같은 거 사 입[곤 했는데] 특별히 여행 간다고 그래서 운동화 하나밖에 산 거 없는 거 같애요. 옷도 그냥 입던 거 그냥 가져가고….

면담자 근데 그 인제 배로 수학여행을 가기로 했잖아요? 어떤 이유나 계기에서 배로 수학여행을 가게 됐는지 알고 계셨나요?

지현 엄마 그런 것까진… 몰랐어요. 그냥 지가 집에 거의 사인 같은 것들, 부모 [확인받아야 되는 것들을 자기가 알아서] 이렇게 [처리했던 거 같아요]. 그런 거 가져온 것도 모르고, 지가 가져오지도 않았던 것 같아요. 지가 그냥 저기 했던 것 같애요, [수학여행 안내장] 그것두. 이렇게 지금은 있더라구요. 집에 보니깐. 아빠두 보여주지도, 잘 보여주지도 않고, "그런 거 가기 싫다"고, "가기 싫다고"만. 그냥 배 타는 거 싫다고만 계속 구시렁구시렁했던 것만 기억나고. 일단 지금은 집에 보니깐 여행 쪽지가 있더라구요, 그거 이렇게 날짜, 날짜 하는 거 [수학여행 안내장 같은] 그게….

면담자 그러면 수학여행을 위해서 딱히 뭐 특별히 준비를 하거나 뭐 그런 거는 없었나요?

지현 엄마 운동화만 하나 그 전에 샀던 것 같애요. 한 이틀 전이나 삼 일 전에, 며칠 전에…. 가방도 하나 샀었구나. 제주도 가서 들고 다니려고 가방 하나…. 그 가방도 나오고…. 옷가방만 하나 안 나오고, 책가방, 이제 필수품 같은 것도 가져간 거 나오고, 가방 인제 작으니까는, 하나에 다 안 되니깐, 책가방을 또, 학교에다 책 다 꺼내놓고 책가방을 또 가져갔어요. 거따가[거기다가] 인제 콘센트 같은 거, 애들 가서 핸드폰 충전시키고 그래야 하니깐 콘센트 네 개짜리, 페브리즈 같은 거. 애들이 페브리즈 좋아해요. 냄새 그거 [없애는] 페브리즈 그런 거… 그거 들었던 가방이 나왔더라구요. 지갑이랑 그거. 지갑도 따로 아침에 매점에서 CCTV 보니깐, 들고 매점을 왔다 갔다 하더라구요. 친구랑 그러더니, 그런데 지갑이 저기 거기 화장실에 있는데 그쪽 근처에서 나왔는데 지현이가 떨어뜨렸나 봐요. 거기서 그래 가지고 지갑이 일찍 나왔는데 똑같은 거 혹시 얘가 주민등록증 같은 거 학생증 같은 게 안 꽂혀 있어서 혹시나 다른 애들 거 아닐까. 똑같은 게 있을 수 있으니까…. 그런데 안 찾아, 안 찾아가더라구요. 돈이 들었고….

촬영자 지갑은 언제쯤 나온 거예요? 어머니?

지현 엄마 한… 9월? 일찍 나왔어요. 한… 7, 8월? 일찍 나왔어요. 날짜는 딱 정확하게 모르고….

면담자 지갑이 먼저… 나온 건가요?

지현 엄마 네. 가방하고, 책가방하고. 그 가방도 하나, 제주도 가서 들고 다닌다는 가방 하나….

7
참사 소식 접하고 진도로 가기까지

면담자 예, 그러면 4월 16일 날 상황을 조금…. 언제 이 사건에 대해서 알게 되셨죠?

촬영자 그 전에, 15일 날 아이들 집에서 나가면 전날 밤이라든지 그때부터 좀 얘기를….

지현 엄마 전날 밤도 모임이 있었어요. 제가 그랬더니 갔다 오니까 짐을 지가 대충 싸놨더라구요. 그래서 가서 못 싼 거 있나 제가 확인했는데, 지가 알아서 다 쌌다고, 지가 알아서 한다고 그냥… 하지 말라고 그러더라구요. 그러고 말았고, 아침에는 짐이 이렇게 많아서 제가 출근하면서 학교 앞에까지 데려다주고 갔거든요. 그러고 헤어졌거든요. 그랬더니 지현이 아빠는 아침에 일찍 출근하니깐, 걔 저기 가는 것도 못 본다고 방에서 같이 잤어요, 안방에서. 우리는 침대 자고, 지는 밑에서 자고…. 혼자 자면은 거의 늦게까지 잠을 못 자요, 얘가. 그래서 워낙 같이 자버릇해 가지고, 그래서 잠재우려고 침대 밑에 자라 그러고, [아빠는] 그 잠자는 것만 보고 나오고, 저는 그래도 아침까지 봤으니깐. 그것도 지현이 아빠는, 그런 것도 속상해하더라구요.

면담자 아까 제가 드렸던 질문을 다시 한번 드릴게요. 사건을 언제 알게 되셨죠?

지현 엄마 아침에 출근했는데, 제가 아침에 식당에서도 테레비 못 보거든요, 그 시간이 되게 바쁜 시간이라. 그래서, 저희가 8시부터, 8시까지 좀 넘어서 출근하는데 10시까지는 되게 바쁜 시간인데, 전화가 오더라구요. 여기저기서 아는 사람들한테, 동생한테도 오고 시누한테, 여동생한테도 오고… 친구한테도 오고 그러고, 지현이 아빠한테도 오고. 지현이 아빠 인터넷 보는데… 거기 가니깐 써 있더래요. 그랬더니 나중에 단원고라고 써 있다고 전화가 와가지고, 그때서야 인제 하던 거 다 놓고 학교로 갔죠. 학교에서 만나서 갔더니, 그래서 저는 그렇게까지 될 줄 몰랐어요. 생각도 못했어요. 그냥 저기 "좌초됐다" 그래서 다 구할 줄 알았거든요. 근데 전화 와서 다들 그렇게 저기 했으면, 그렇게 계속 있으면 다 구할 수 있을 거라고, 가라앉을 거라곤 생각도 못했거든요.

면담자 그때 그러면 학교에서 뭐 뉴스 보도되는 거나 이런 것들 다 보셨고?

지현 엄마 다 봤죠. 다 "전원 구조" 그러고 난리 치고. 근데 금방 전원 구조 다 됐다는 게 믿겨지나요. 금방 저기 해가지고. 하면 얼마든지 할 수 있었겠죠. 그 전에 대한민국 거기, 굿모닝 거기, 아침 7시 넘어서부터, 거기 잠깐 자막 내렸다가 없어졌나 그런 말도 있었거든요. 그랬는데, 구하려면 얼마든지 구할 수 있었던 건데 아무것도 안 했다는 게 그런 게 좀 그렇고… 저는 그거 배 이렇게 가라앉기 전까지도 애들 다 살아 있다고 생각했어요. 완전히, 이렇게 어느 정도 있을 때, 꼬리만 있었을 때도 그때까지도 믿기지 않았어요. 다 '그냥 살아 있겠다' 그 정도만… 지현이 그때까지 살아 있겠다… 며칠 동안….

면담자 그러면 진도에는 그날 바로 내려가신 건가요?

지현 엄마 바로 내려갔어요, 관광버스 타고. 한 두 번째 찬가? 두 번째 찬가, 세 번째 차 타고 바로 내려갔었거든요. 그 당일 날 내려가서 체육관 갔다가, 거기 진도 갔다가, 거기 바닷가 앞에서 그날 하룻밤 새우고, 또 식구들이 왔길래, 또 그날이 엄청 추웠거든요. 날씨가 그래서 체육관으로, 그날 밤새우고 새벽에 체육관에 와가지고, 우리가 체육관에서 197일인가 그때까지 있었던 거죠, 그때까지….

면담자 체육관에서만 197일 계셨던 건가요?

지현 엄마 네, 왔다 갔다 했었어요. 근데 거기 가려니깐 팽목항을 가려니깐, 가보니까는 거기가 험하더라구요. 맨날 낮에는 왔다 갔다 해도 잠자고 그러는 거는 심각하더라구요. 물 흐르고 그래서….

면담자 그러면 올라오신 게 언제신지? 193일이면…?

지현 엄마 아니요, 198일인가…? 198일 날 올라왔으니깐, 200일 날 장례 치렀으니깐….

면담자 그게 그러니깐, 날짜가 10월 언제쯤?

지현 엄마 10월 29일 날 올라왔으니까, 30일 날 올라왔나? 아니 29일 날 올라, 아니, 아니다. 30일 날 올라왔나 봐요. 그러고 [11월] 1일 날 장례 치른 건가 그랬죠.

8
진도에서 돌아온 이후

면담자 지현이를 보내시고 나서는 어떤 활동들을 하면서 지내셨어요?

지현 엄마 그냥 광화문 같은 데 행사 있으면, 작년 같은 경우에는 그런 거 쫓아다니고, 광화문에서도 밤새우고 그때 거기 경복궁 앞에서 밤샐 때 그런 것도 해보고 쫓아다녀 보고, 지금 같은 당직 같은 것도 가고, 당직 가서 총회 같은 그런 행사 같은 거 있으면 될 수 있으면 안 빠지고 쫓아다니려고 했는데. 이렇게 교육청 피케팅은 한 번밖에 못 가고… 될 수 있으면 가려고 그러는데, 저기 그래도 반 사람들하고 많이 어울리고 그래요. 지금도 생일이면 우리 반 애들 생일이면, 가서 케이크래도 사다 주고 같이 또 어울려서 저기 하고….

면담자 아버님 같은 경우는… 어떻게 하시는 거죠?

지현 엄마 지금 총회 한두 번 정도 나오고, 반 당직도 한 몇 번? 몇 번 정도밖에 못 나와요. 성격이 그렇게 쿨한 성격이 아니라[서] 좀 이렇게 사람들하고 어울리는 것도 쉽지 않거든요. 성격이 이렇게… 나쁜 성격은 아닌데, 이렇게 어울리는 걸 힘들어하더라구요. 그래 가지고 당직이고 뭐고, 시간 있어도 잘 안 가려고 그러고. 그냥 그런 게 좀….

면담자 아버님은 그러면 직장을 계속 그냥 쭉 다니셨던 거구요?

지현 엄마 좀 쉬다가 작년 1월 달부터 직장 다녔거든요.

면담자 그러면 중간에, 사건이 터지고 나서 그 직장을 좀 관두셨던…?

지현 엄마 아니요.

면담자 쉬셨던 거예요?

지현 엄마 예, 어쩔 수 없이 휴가를 준 거죠. 회사에서 월급을 주면서.

9
진도 도착, 기다림

면담자 진도에 도착했을 때, 첫 장면에 대한 기억을 좀 상세하게 이야기를 해주실 수 있을까요?

지현 엄마 가서도 기냥 이렇게 차에 가는데, 차에 내려가는데 화들 하고 난리 치더라구요. 근데 가서도 지현이 아빠는 지현이 이름 부르면서 저기 했어요. 혹시 거기래도 있지 않을까 해가지고…. 지현이 찾기 얼마 전까지만 해도 그냥…(울먹이며) 지현이가 없다는 게 실감이 안 났거든요. 사실은 어디 가서 섬에 가서 사는 것도 같고, 한번 찾으러 가고 싶다고 그럴 정도로 믿기지가 않았거든요. 사실은 그거… [유전자] 검사 그거 이렇게 해놓은 것도 저희가 제일 먼저 해놨어요. 저기 유전자 검사 이런 것도 저기서 한 것도, 거기에다 제일 먼저 신청했고 그랬거든요.

아…(한숨) 가서도 있을까 봐 "지현아, 지현아!" 찾았는데, 어떤 애가 하나가, 지현이 안다는 애가 하나가 있더라구요. 그랬더니 지현이 못 봤다고. 애들 가서 이렇게 싸매고, 담요 덮고 막 있고, 있는 애도 있고 그러더라구요. 몇몇 애들만 있더라구요. 없는 애는 없고. 가서도, 가서도 찾아보고. 이렇게 뭐 명단 붙여놨는데 명단 없더라구요. 그래도 애가, 그때까지도 이렇게 저기 했다는 게 믿겨지지 않았거든요. 찾기 얼마 전까지도 안 믿겨졌었어요. 그때까지도… 그래서 그때 찾기 얼마 전에 그때가 좀 힘들었어요… 제가 하루 종일 울고 다니고, 이상하게 그때가 제일 힘들더라구요(울음).

면담자 신문이나 이런 데 보면 어머님 기사들이 좀 나왔더라구요. 아침마다 이렇게 밥을 해서 바다에 뿌려주셨다고요?

지현 엄마 그 전에도 저희 아빠가, 지윤이랑 이렇게 세 명이 안 나올 때가 있었어요. 지윤이, 지민이, 지현이 이렇게 안 나올 때 있었는데… 애들이 배고파서 못 나온다고 "밥을 해다 주세요, 새벽에 일찍 가서" 그래서, 지윤이 아빠하고 우리 둘이 부부하고 셋이, 밥을 절에다가, 따로 밥통에다 따로 해가지고, 많이 해가지고 갖다가 바닷가에 뿌려주자고 그랬는데. [전에 그렇게] 갖다가 뿌려준 적 있는데, 지윤이는 그때 바로 나왔어요. 근데 저희는…. 다른 사람들끼리 운대가 맞는 것도 있어요, 지현이도 생일날 나왔긴 나왔지마는.

거기 바지선에 들어가면 또 부모가 들어가면 나온대요. 제가 다리가, 진도에 이렇게 걸어갔다 다리가 관절[염]이 약간 시작되긴 됐었는데, 다리가 이렇게 아프진 않았었거든요. 거기서 국회의원도 왔을 때 한 6시간, 7시간 제가 앉아 있었어요. 꾸부리고 앉아 있었어요. 그때부터 통증이 시작돼 가지고 다리가 엄청 많이 아팠었거든요. 그래서 바지선 올라가는 게 쉽진 않아요. 사실은 힘들어요. 거기 또 올라가야 되니깐 위험하고 그래서 한 번 올라갔는데, 전 그게 안 맞대요. 혹시나 지현이가 그때 올라올까 해서 거기 올라가 봤는데 [그때는 지현이가 안 왔어요]. 근데 다른 사람들은 그래가지고도, 부모들이 올라갔을 때, 저희 갔을 때도, 부모들 올라간 사람들 자식들 건져온 사람 있었어요. 그래 가지고 지현이 아빠는 거의 바지선에서 며칠도 산 적 있고, 소조기 같은 때는 며칠 동안 산 적 있고, 거의 하루 갔다 오고, 또 그다음 날 나와서 그 이튿날 또 들어가고 그런 식으로, 지현이 아빠는 계속 바지선 다니고 그랬거든요……(울음).

10
198일 만에 만난 지현이

면담자 아이를 198일 만에 만나셨잖아요. 만났을 때 느낀 상황과 느낌에 대해서….

지현 엄마 [지현이가 발견된 곳이] 화장실이라 그러니까…. 그냥 그때는 거의 다 수색을 포기할 단계였었거든요. 우리가 거의 그나마 그거래도, 뭐래도 안 될까 봐, [미수습자 가족들이] 거의 다 패가 두 패로 갈라졌었어요. 그때 당시에 수색 종료를 거의 해야 될 당시였으니깐. 그때가 대표를 뽑으라니깐 지현이 아빠가 그때[미수습자 가족] 대표였었고, 그때 인제 지현이 올라오기 전에 대표 하고 있었거든요.

그러고 이쪽에도 또 끝까지 [수색을] 하자고 그랬는데, 그때가 많이 안 좋은 상태였어요. 배도 다 무너지고 그런 상태고, 지현이가 화장실에 있다는 게 그게 5월 달? 5월 달 그때부터 화장실에 있다 거의 그랬는데, 그때까지 못 건져오고, 10월 달까지. 진짜 나중에는 화장실에서 건져온 건데, 거의 시도도 못 한다고 봤어요. 거기를 열 몇 번 들어갔다고 했는데, 그 조그만 화장실에서 지현이 못 봤다는 게 말이 안 되잖아요.

근데 자기 말에, 나중에 거기 바지선에서 지현이 아빠랑 같이 이렇게 해수부 어떤 사람이, 지현이 아빠 나이 비슷한 사람이, 계속 같이 있던 사람이 있었어요. 근데 나중에 해수부도 저희가 찾아갔었어요. 근데 저 사람한테 "고맙다", 지현이 찾을 때까지 그 사람이 "있어 준다" 그랬거든요. 근데 "지현이 찾을 때까지 있어 줘서 고맙다"고, 진도 내려가서 한 번 간 적 있더니[있었는데], 지현이가 문 뒤에 숨어 있었던 것 같다고, 그니깐 문을 닫으면 가라앉고 문을 저기 하면 이렇게 문 뒤에서 안 보였던 것 같다고. 잠수부들 들어가면 들어갔을 건데, 그 사람들은 그 사람들 편에서 얘기할 수도 있죠. 아무래도 그랬던 것 같다고, 이렇게 문에 잠수부들도 문을 여기다 이러면 문을 닫고 찾아보진 않을 것 아니에요? 문 뒤에는. 이렇게 뒤에 아무래도 뒤에 있었던 것 같다고 그런 식으로 이야기하더라구요.

그래도 열 몇 번 들어가도 계속 걔가 문 뒤에 숨어 있었던 것도 말이 안 되잖아요. 사실은 근데 워낙 수심이 깊고 그러니깐… 그러니깐 지금도 수색 제대로 했다고는 볼 수 없잖아요. 애들이 맨 처음에 엉망이 돼가지고 그니깐, 지금 남은 애들도 그렇고, 남은 사람들도 그러는데 제대로 했다고 볼 순 없는 거니깐 일단은… 그렇죠….

면담자 그때 지현이를 딱 만나셨을 때 느낌은 어떠셨어요?

지현 엄마 화장실에서 나왔다니깐 저는 당연히 지현일 거라고 생각했어요. 그 전날부터 지현이 생일날[이라고] 저희 엄마들이 반 엄마들이 몇 명이 내려와 주셨어요. 그래 가지고 미역국도 끓여주고 [그랬어요], 그냥 저기니깐, 또 안됐으니깐. 또 반 사람들이 네 명인가 내려오고, 또 도언이 엄마, 또 두 명인가 여섯 명 정도 내려왔나? 다섯 명, 여섯 명 내려와 가지고 피자에다 케이크에다, 애들 좋아하는 걸로 해다 주고 그랬거든요.

나는 당연히 지현일 거라 생각했었어요. 그때 나오기 전서부터… 그 전날 찾았다고 그랬을 때부터 화장실이라니깐, 걔가 또 화장실에 있었다고 그러니까는. 그러고 있었는데, 다행히 지현이였는데. 그냥… 이렇게 옷 사진은 변호사가 사진을 찍어왔더라구요. 이렇게 배하고, 생각 외로, 저는 그냥 뼈도 못 추릴까 봐 그게 제가 힘들었던 게, 나중에 뼈도 못 찾을까 봐…(울음).

만약 찾으면 자기네들끼리 해가지고, 뼈도 그냥 가짜로 [줄까 봐] 그런 게 힘들었거든요, 나중에 못 찾아가지고. 지금도 인양되면은 그렇게 할까 봐, 그런 게 엄마들도 지금도 두려울 거예요, 아마. 못 찾아가지고 나중에 만들어서 이렇게 해가지고 [우리 애들 거다 하고] 다 거짓말해도 모르는 거잖아요. 이렇게 이렇게 해가지고 맞다고 그럴 수 있는데, 그런 게 힘들어 가지고. 지금은 [지현이를] 찾아서… 내 마음은 그나마 좀 가벼운데… 가벼운데… 근데 형태가 너무 좋더라구요. 이렇게 가슴도 그렇고, 다리도 그렇고. 바지 입었는데… 상태가 얼굴 같은 데는 보면 못 살 것 같더라구요. 나온 데는 심하게, 얼굴이나 이런 데는 아무래도. 그 전에 한 5월 달에 찾은 사람들도, 머리가 다 빠져가지고 그럴 정도로 심했거든요. 거기 나온 사람들 얼굴 못 볼 정도로, 얼굴을 못 봤어요. 거의 5월 달에 나오는데, 늦게 나온 사람들[은] 못 봤는데… 그거[얼굴] 보면 지현이 아빠도 저도 못 살 거예요(울음). [그런데] 그 상태가… 그나마 너무 감사했어요. 너무 감사하더라구요. 그래서 저보다 못하는[못한] 사람들… 또 못 찾으면, 그래도 눈물이, 그 전에는 못 찾았을 때 그나마 뼈래도 저기 하고 내가 너무 힘들어서, 그때는 마음이 좀, 눈물도 그렇게 많이 안 났어요. 그 전에 울었던 게 저기라…. 찾았을 때 아빠는 많이 울었는데… 저는 찾아서 고마웠어요. 그게… 와줘서 그냥 고마웠고, 그나마 형태가 그만큼이라도 살아 있어서, 그나마래도 볼 수 있어서 그게 감사했고 그랬어요.

면담자 그러면 아이를 데리고 오셨을 거 아니에요. 그 과정에 대해서도 말씀을 해주시겠어요?

지현 엄마 저는 좀 고소공포증이 있어요. 제가 운전을 그래서 [못해요]. 운전을 하면 제가 어디든 찾아다닐 텐데, 아침에 분향소 가는 것도 그렇고, 새벽에 청문회도, 그때 한 번밖에 못 오고 그랬는데, 집에서 여[기억저장소]까지 한 시간이 걸리거든요. 제가 버스

타든 뭐 하든, 아침에는 택시도, 거기[집]도 외져 가지고 택시도 잘 없고 그래서, 그런 게 좀…. 비행기도 저는 못 타[고요. 그래서] 도언이 엄마가, 저희 차[를] 거기[진도에]다 갖다놔 가지고, 도언이 엄마가 저희 차 운전하고, 아빠가 반 아빠들 엄마하고 같이 와가지고 비행기로 [지현이] 데리고 왔고, 저는 도언이 엄마가 운전해 가지고 같이 [안산으로] 오고… 그랬어요.

면담자　　그 이후에 장례 치를 때까지 어떤 과정들을 겪으셨나요?

지현 엄마　　장례도 와보니깐, 저희 식구들이 안산에 많이 살아요. 시누랑 다 아주버님이랑 다 안산에 살아서, [다들] 와[줘]서, 시청에도 고모부 다니고 그래서 장례도 아가씨가 다 준비해 놓고, 오니깐 다 준비해 놨더라구요. 다 저기 해가지고[미리미리 준비를 해놔 가지고] 그래서 순탄하게 잘했어요. 장례도 보낼 수 있었고, 그나마. 그래서 지금 저기 서호에다가 지현이 갖다 놓고, 절에다가. 아무것도, 아무 데도 없으면 지현이[한테] 그나마 해줄 게 없잖아요. [그래서] 절에다가 지현이 올려놓고, 거기다 49재 해주고 [그랬어요]. 그래 가지고 칠칠일, 칠칠이니깐 일곱 번 가서 [제사를 지내]주고. 시간 저기 해서, 1일 날, 보름날, 동짓날 그런 날 있어요. 그런 때에 가서 해주고. 지금은 일주일에 한 번, 우리 스님이 좋은 일을 많이 하시거든요. 거기 애들 초등학교 애들, 밥 못 먹는, 아침 못 먹는 애들 있어요. 거기 가서 아침에 한 번씩 이렇게 봉사도 가고… 일주일에 한 번씩 가고 그래요.

면담자 그러면 지금은 지현이한테 거의 일주일에 한 번 정도… 가시는 거예요?

지현 엄마 시간 있으면, 거기 시간 있을 때마다, 그냥 가요. 추모공원에 가서 보고, 가서 [거기는] 애들도, 반 애들[이] 같이 있으니깐, 그래도 그나마 덜 외롭겠다 해서. 예은이랑 다, 도언이랑 같이 다 이렇게 옆에 나란히 있거든요. 그나마 마음이래도 같이 있다고 생각하니깐 그나마 또 가벼워요. 좀 그나마 혼자 있는 게 아니라 또 같이….

면담자 어머니 장례 때 사진이 기사에 좀 많이 나와 있던데… 학교도 들르고, 선생님들이라든지 아니면 같은 부모님들, 이제 친구들도 오기도 하고 이랬는데 그때 상황이라든지 좀 설명해 주실 수 있으신지? 그때 좀 장례 치를 때, 많은 분들이 함께해 주셨는데, 그런 거 보면서도 여러 감정이 있으셨을 것 같아서요.

지현 엄마 [지현이가] 늦게 올라오다 보니까는, 많은 사람들이, 머리가 그때는 너무 띵했어요. 그때 머리가… 절에서 이렇게 '딸랑딸랑' 하는 게, 그게 워낙 좋은 거래요. 장례 때는 그걸 해야 된다는데, 그 소리 때문에 머리가, 내가 후회할 정도로 괜히 했나 후회할 정도로 머리가 너무 아파 가지고 지끈지끈했는데. 사람은 너무 많고, 누가 누군지 얼굴 잘 알아보지도 못할 정도로 너무 많으니깐, 학교, 온마음센터고, 여기저기서 너무 많이 오니까. 길가에 지나가던 사람들, [이름이] 같은 지현이라고, 보면은 또 할머니라 그래서 온 사람도 있고. 사람 너무 많이 와가지고 머리가 지끈지끈 아파가지고, 다리도 그때는 엄청, 제가 올라왔을 때가 다리가 엄청 많이 아플 때예요. 근데 지금 살 뺀다고 다리가 안 아픈데, 훨씬 덜 아픈데, 지금도 아프긴 아프죠. 그때만큼 안 아픈데, 다리가 엄청 아프고 그런 상탠데, 진짜 사람 엄청 많이 와주시고… 정신이 없었죠. 며칠 동안은 멍해가지고, 그냥 몸도 안 좋으니까….

면담자 지금 그러면 건강은 좀 괜찮아지셨어요?

지현 엄마 많이 좋아졌는데, 다리는 한 번 저기 한 거라. 다리 인제 살만 먼저 빼고… 다리 안 아프려면 살을 먼저 빼야 되거든요. 그래서 살은 저기 했[뺐]는데, 다리가 앉아 있고 그러는 건, 꼬부리고 앉아 있고 그러면, 다리 폈다가 구부리면 다리가 좋진 않아요. 그래서 병원에, 저번에 한번 통증클리닉 가서 그나마 좀 낫더니, 청문회 가려고 한번 [진통주사를] 맞았더니 그때 쫌 낫더니, 또 다시 [아프네요]. 그래도 먼저 올라올 때보다도 훨씬 낫죠. 지금 그래도 다리가… [영 시원찮아요].

면담자 병원은 지정병원 다니시는 거예요?

지현 엄마 지정은 안 다니는데, 다리가 한 번, 또 병원에 다녀야 할 것 같아요. 지난번에 다리가 이렇게 계속 아프면은… 심각해서.

면담자 접때 말씀드렸는데, 자생한방병원 이쪽이 세월호 유가족들을 지원해 주는 병원이라고….

지현 엄마 특별하게 하는 것도 [없고], 어차피 보험 있으니깐. 그냥 실비[보험] 있으니깐 그냥 다녀도… 저긴 없을 것 같애서. 병원은 가기 싫어서 특별히 안 다녀요. 한번 물리치료 가보니깐 특별할 게 없더라구요. 진도에서 도수치료 같은 거 계속 다니면서 받았는데도 그때뿐이지 별 특별하게 효과는 없는 것 같애서… 그래도 관절약 계속 먹으면 살이 쪄서, 진도에서 한국병원 가가지고 관절약을 몇 달 동안 먹었었거든요. 그래서 거기서 근전도 시술도 하고 그랬거든요. 너무 아파서 그랬는데도. 살만 찌고 그러니깐 특별하게 병원 가는 게 싫어서.

면담자 다른 어머님 이야기 들으니깐, 참사 이후에 생긴 근육통증 이런 쪽은 물리치료 같은 게 지원이 된다고… 하던데 따로 그런 기회는 이용하지 않으셨던 거예요?

지현 엄마 저도 혈압 있다가, 진도에 있을 때 혈압이 더 생겨 머리가 너무 아파서, 혈압 있다고 또 올라와서 건강검진 했더니 당뇨가 있더라구요. 지금은 살 빼고 났더니 좀 괜찮아지긴 했는데, 음식 저기 하고 그랬더니 다 떨어져서, 혈압도 떨어지고, 당뇨도 떨어지고, 다 했거든요. 이제 약 안 먹는 상탠데 지금….

면담자 아버님도 건강은 특별히 문제 없으시구요?

지현 엄마 지현이 아빠도 혈압만, 옛날부터 혈압만 지금은 그런 거….

면담자 오늘은 이 정도로 해야 될 것 같습니다. 일단 녹화와 녹음은 마치겠습니다. 수고하셨습니다.

2회차

2016년 1월 18일

1
시작 인사말

면담자 이 구술증언은 4·16 사건에 대한 참여자들의 경험과 기억을 기록으로 남김으로써 이후 진상 규명 및 역사 기술에 기여하고자 합니다. 지금부터 심명섭 씨의 증언을 시작하겠습니다. 오늘은 2016년 1월 18일이며, 안산시 정부합동분향소 내 불교방입니다. 면담자는 이호신이며, 촬영자는 김향수입니다.

2
참사 당일 이야기

면담자 참사 당일 이야기부터 다시 한번 질문을 좀 드려볼게요. 언제 소식을 제일 처음, 어떤 경로로 알게 되셨어요?

지현 엄마 친구가 전화 오고, 시누가 전화가 왔더라고요. 아침에 [제가] 일을 하니깐 테레비 못 보니깐. 그러고 신랑이 또 인터넷에서 보는데 그게 떴었나 봐요. 그래 가지고 전화 오고 그래서 테레비 트니까는, [배가] 기울어진 상태고 좌초됐다 그래서…. 그렇게 심각하게 생각 안 했었거든요. 그래서 인제 일 고만두고 택시 타고 학교로 왔죠, 아빠도 그렇고. 학교로 오니깐 난리가 났더라구요. 사람들 엄청 많이 와 있더라구요. 다 가까운 데 사니깐 아무래도… 그래서 와서 알게 되었죠.

면담자 학교에 왔을 때가 몇 시쯤이었죠?

지현 엄마 한 10시 반 넘어서, 그 정도.

면담자 그러면, 그때는 다 구조됐다 뭐 이런 [이야기가 돌 때 였겠네요?]

지현 엄마 네, 그러고 나서 조금 있다가 구조됐다고 그러고 떴었거든요. 맨 처음에 교실로 갔다가 강당으로 가가지고 난리 칠 때, 그때 "전원 구조"가 떴었거든요.

면담자 그래서 그럼 구조됐다고 안심하시고, 진도로 내려가셨던 건가요?

지현 엄마 안심까진 아니래도 그래도 마음이 좀 가벼웠죠. 식구들도 그렇고. 저희는 안산에 식구들이 많이 살거든요. 큰집도 그렇고, 아주버님들도 그렇고. 구조됐다니깐 아는 사람들도 다 전화와가지고 괜찮을 거라고 다 그래서, 저도 꿈에도 생각지도 않았거든요. 그렇게 저기 하는 게 괜찮겠지 하고 그러고 진도로 내려갔던 거죠.

면담자 학교에서 버스를 이용해서 내려가셨던 거고. 그러면 진도에 도착하셨을 때는 정확한 소식을 다시 들은 상태였어요?

지현 엄마 네. 가니깐 이렇게 명단을 다 붙여놨더라구요. 그래도 그때까지도 믿기지 않았죠. 명단도 아빠는 난리 쳐서 찾아보고, 또 가서 애도 부르고 그랬는데, 이렇게 담요 쓴 애들이 몇 명 이렇게 있더라구요. 그런 애들 몇 명이 있어 가지고 물어보니까 잘 모른다고 그러더라구요, 애들이. 잘 모른다 그래서 찾고, 찾고 그러다가, 다 팽목항으로 차 타고 다 넘어갔어요. 팽목항 가서, 그날 바닷가 앞에서 그냥 기다리고 있었죠, 그냥. 그랬더니 불만 [보이더라고요]. 거기 바로 가까운 덴 줄 알았어요. 팽목항 바닷가 앞에 이렇게 뭐 산이 하나 있거든요. 그 뒤에서 바로 사고 난 줄 알았어요. 거기서 엄청 [떨어진] 한두 시간 넘게 걸리는 덴데, 그 앞에 그렇게 불탄 같은 거 이렇게 번개탄 같은 거 쏘는 거만 보이더라구요. 불 피우는 것만…. 그래서 가까운가 그랬더니 오래 걸린대요. 그래서 저기 앞에 가는데 뭐 이렇게 배가 오래 걸리나…. 그럴 정도로 들어가는 사람 있고. 저희는 거기까지 들어가지 않고, 사람들은 배 빌려가지고 들어갔다 나갔다 난리 치고 그랬거든요, 그때. 그래서 밤새도록 거기 있다가 또 큰집 식구들 내려와 가지고 새벽에 다시 체육관으로 왔었거든요. 그때가 엄청 추웠거든요, 그때가….

면담자 음…. 그러면 계속 거기서 체육관에서 지내셨던 거죠? 그러면 지난번에 이야기하실 때 거기서 유전자 검사를 제일 먼저 신청해서 검사했다고 말씀하셨는데, 당시 유전자 검사를 하라는 애기가 언제쯤 나왔고, 왜 해야겠다고 생각을 하셨는지?

지현 엄마 사고 나서 며칠 저기 하니깐[있으니까] 유전자 검사해 놓으라 그러더라구요. 그래서 그거 하기 전에 바로 먼저 가서 신청했어요. 저희가 제일 먼저 신청했을 거예요, 아마. 애를 찾아야 되니깐, 애를 찾으면 아무래도 저기 할[확인할] 거 아니에요.

면담자 그게, 지현이가 빨리 안 나와서 요청을 하신 건가요?

지현 엄마 아니요. 안 나와서가 아니고, 다 나오기 전에 그렇게 했을 거예요. 아마 몇 명 나왔을 땐가? 그때쯤. 초기에, 맨 처음에.

면담자 '빨리 찾아야 되겠다'라는 그런 것 때문에 유전자 검사를 하게 된 거군요?

지현 엄마 그렇죠….

면담자 처음에 유전자 검사 이야기[를] 어떻게 들으셨어요? 뭐 안내를 해주셨다거나….

지현 엄마 누가 안내해 줬던 것 같아요. 근데 이제 해놔야 된다고. 사람들 하기 전에 먼저 가서 한 게, 거기서 안내를 했었어요. 아무튼.

면담자 앞에서 선생님들이 해주신 건가요?

지현 엄마 누가 그러니깐, 책임자들이 누가 했겠죠.

3
진도에서의 오랜 기다림

면담자 지현이가 나오기 전에 102일 동안인가 아무도 안 나오고 있었는데, 언론에서 보니까, 그 기간 동안 어머니랑 아버님이 매일 팽목항에 가서 아침밥을 차려주셨다는 이야기가 기사에 굉장히 많이 나왔어요. 지난번, 1차 구술 때, '3반 아이들이 지윤이, 지민이, 지현이 이렇게 셋이 안 나와서, 그때 이제 밥을 해서 바다에 뿌려줬더니 지윤이가 인제 바로 나왔다' 그런 말씀을 하셨는데, 그때 그 상황이라든지 이야기해 주시겠어요?

지현 엄마 아무래도 안 나오니깐, 누가 뭐 하라 그러면 그런 게 [혹]하게 되잖아요. 그때 지윤이 나올 때도, 지윤이 아빠가 불교를 다니셨나 봐요. 우리는 옛날에 [절에] 다녔어도 건성으로 1년에 세 번씩만 갈 정도로, 건성으로 다녀서 그런 거 믿는 것도, 그런 것도 싫었어요.

거기 맨 처음에 봉사 저기 했을 때 절에[서], 기독교[에서] 그런 사람들이 엄청 봉사하러 많이 오셨거든요. 근데 절에서 죽 같은 거[를 해다 주셨어요] 엄마들이 다 힘들잖아요. 그러니깐 누룽지도 끓여다 주고 떡도 뭐래도 먹으라고 해다 주고 그랬는데. 그런 데 가는 거 자체도 [저는 싫더라구요]. 거기 불교 부스가 있었는데, 체육관에 있었어요. 거기 현혜 스님이라고 있었는데, 그분이 이렇게 잘하셨어요. 근데 나는 그런 거 사실 싫었거든요. 누구한테 의지하는 것도 싫고 그래서. 거기 불교 부스 가는 것도 싫고 그런데, 아빠는 거기 가서 맨날 절하고 그럴 정도로 되게 열심히 그랬어요. 근데 나중에 혼자 남았을 때도, 거기서 다른 사람들은 절을 믿는 사람들이 없었어요. 영인네 같은 경우에도 시어머니가 절을 믿긴 믿어도 거기는 안 갔어요, 불교 부스 같은 데….

근데 지현이 아빠 가니깐, 나도… 그 스님들이 워낙 잘해주니깐… 저도 나도 모르게 가게 되더라구요. 이제 믿을 게 없으니깐…. 일단 마음이 좀 편해지더라구요. 거기 가면 쫌…. 그래서 절이래도 하고, 그냥 가서 거기다 소원성취 이렇게 붙여놓는 것 있어요. 종이로 지현이 이렇게 해서 붙여놓고, 또 거기 스님들도 거기 총무님이랑 그런 분들도 다 지현이 그거 다 붙여가지고 나중에는 다 지현이 걸로 도배를 해놨어요. 불교 부스에다가 다… 저기 "황지현", "황지현" 해서 다 이름 써놓고 그럴 정도로 그랬었거든요.

면담자 　　그럼 그때 처음 바다에 밥을 뿌려주실 때는 3반 부모님들이 같이 하기로 하셨던 거예요? 아니면 그냥 개별적으로 하신 거예요?

지현 엄마 　　개별적[으로] 지윤이 아빠하고 나하고, 지현이 아빠하고 셋이만 했던 거고. 나중에 한 번 또 그래 가지고 또 한 번 나간 적이 있고요, 우리 반에 도언이 엄마하고.

우리 아가씨도 초지복지관 일을 해요. 그러니깐 아가씨가 노인네들 이렇게 찾아다니는데, 찾아다니다 보면 이렇게 신기 있는 그런 분이 계셨나 봐요. 그랬더니 지현이가 나오기 힘들 거라고, 이렇게 옷을 갖다가 싸놓으라고 하고. 도언이 엄마 같은 경우에는 경상도 어디 절에서, 상주인가 절에 갔는데, "지현이 옷을 싸서 세숫대야에다 물을 이렇게 띄워놓으라" 그러더라구요. "물 안 들어가게… 옷을 띄워놓으라" 그러고. 우리 아가씨는 "화장실 욕조에다가 이렇게 물을 받아놓으라"고 하더라구요. "항상 물을 받아놓으라" 그래서, 그런 것도 믿을 게 없으니깐 하다못해 그런 거라도 해야 되니깐.

그러고 아빠는 또 이렇게 디게 마음이 쫌 그래요. 그러니깐 어디 가서 "점도 봐달라" 그러고, 시누한테 "점도 봐달라" 그러고. 저는 그런 거 만약에 봐가지고 [안 좋으면] 내가 또 힘들잖아요. 그런 것도 잘못 나올 수도 있고 그러니깐. 지금도 그런 거 믿지 않는데, 지금도 그런 데 가는 거 싫어요, 저는. 근데 아빠는 인제 성격이, 가만히 있지를 못해요. 안달을 해요, 난리를 쳐요. 그러니깐 그런 데 가서도, 철학관 가서도 봐달라고 하는데. 철학관 가서 봤는데 "지현이가 나오기 힘들다"고, "되게 힘들게 나올 거"라고 그러더라구요. 나중에 "바늘, 바늘 찾는 거만큼 힘들 거"라고 그랬거든요. 그래서 하라는 대로, 다 찾고 나서까지 그거 계속 그렇게 했어요. 한참 동안 물도 떠놓고 세숫대야에다가 옷도 담가놓고. 그랬더니 인제 "그 누구한테 얘기하면 안 된대"요. 도언이 엄마가 "언니, 스님이 언니[가] 누구한테 얘기했[다는데 맞]죠?" 그래서 지현이 아빠가 어떻게 하다가 옆에서 옷 같은 거 맨날 싸갔어요. 팽목항 갈이 다니다 보고 그러니깐, 옷을 집에다 하나 해[욕조에 담가]놓고 또 하나는 가지고 다니고 그랬어요, 지현이 옷을. 팽목항 갈 때마다 가지고 다니고 맨날 그랬는데 "그것도 누구 얘기했지?" 그래서, 누가 안다 그래 갖고, 옷을 다른 걸로 바꿔주라고 그러더라구요. 그래서 옷을 다른 걸로 바꿔주고 얘기하지 말라고…. 그런 것도 믿고 그럴 정도로, 좋다는 거 있으면 아무래도 뭐라도 해야 되니깐.

그 밥도 갖다준 계기가, 그래도 배고파서 못 나와서 그렇다더라, 또 누가 배불러서 안 나온다고… 말이 천칭만칭[천차만별]이니깐… 막 이렇게 말했다 저렇게 말했다 내 마음 편하자고 그것도 하는 거죠, 뭐 사실은…. 가만히 있기 그러니깐…. 지현이 아빠는 저렇게 하면 아마 옆에 사람들 비웃을 거라고…. 〈비공개〉

아무래도 꼴불견인 사람들이 있잖아요. 그렇게 하면… 자기는 안 해도 괜히 남들 하는 거 보면 싫어하고, 바닷가에다 뭐 던져주고 그런 것도 꼴사납게 막 생각하고…. 그런 사람 있으니깐 또 그런 것도 그렇고… 결국은 또 그렇게 해서라도, 이렇게 해서 나왔나 [싶은 마음이] 또 그런 게 있으니깐, 또 우리는 마음이 편하고….

4
진도에서의 유족들의 상황

면담자 어머니, 그때 5월에 3반 친구들이랑 같이 있었던 그 시기 때 혹시 기억에 남는 일이 있으세요?

지현 엄마 지민이랑 지윤이랑?

면담자 부모님들이 그때는 인제는 반별로 몇 명씩 남아서….

지현 엄마 아무래도 그렇죠. 근데 인자 지민네 같은 경우에는 팽목항에 있었거든요. 우리랑 지윤네는 저기[진도체육관에] 있었고. 근데 지윤네랑 지민네는 [아이가 나온 시점이] 하루 이틀밖에 차이가 안 나요. 거의 비슷하게 찾아갔어요. 근데 지현이 아빠가 아무래도 같은 반이니깐, 팽목항 가게 되면 지민이 아빠 찾아가고. 지윤이 찾기 전에도 아는 사람이 같은 반이니깐, 아무래도 그 사람들 찾아가게 되잖아요? 어떠냐고 물어보고 한마디래도 같이 물어보고, 으쌰 하는 게 아무래도 있죠. 그저 우리는 그때까지도 바지선에 안 갔어요. 지민이 아빠 같은 경우에는 그전부터 계속 바지선 다니고, 지민이 찾기 전에… 팽목항에 있었으니깐. 지현이 아빠는 멀미가 심해 가지고 그때까지 못 갔던 건데, 나중에는 멀미약 세 개씩 먹고 갔나…. 팽목 거기 배에 들어갈 때, 바지선 들어갈 때, 나중에는 어쩔 수 없이 가야 되니깐…. 멀미약 세 개씩 정도 먹고 갔을 거야. 가다가 또 먹고 그럴 정도로. 나중에 하도 가다 보니깐 하나 정도 먹더래요. 나중에는, 끝내는… 그 정도로….

면담자 지민 아버지가 팽목항에 계속 계셨으면… 뭐 회의나, 아니면 바지선에서 봤던 얘기들 전해주시는 것들 중에 기억에 남는 것들 있으세요? 아니면, 아버님을 지민 아버님을 더 찾아갔던 이유가 뭐 이야기를?

지현 엄마 아무래도 어떻게 더 저기 하냐 막 그런 거였는데, 그렇게 특별하게 저기 한 거(한숨) 없고… 나중에 한 번, 배에 한 번 가서 맨날 수색하는 거, 그런 거. 맨날 그런 거죠. 뭐 특별…[한 건 없어요]. 낮에는 거의가 물때가 잘 안 나와요. 이게, 소조기 저기 해도 대개 애들 찾아오는 것 보면 저녁에가 거의 다 찾아왔어요, 이렇게 보면은.

저 같은 경우에는 오래 있다 보니깐 그런 게 느끼는데, 소조기, 중조기, 대조기 이렇게 해도 대개 저녁에가 물때가 잠잠해서 구조하기가 좀 좋지, 낮에는 시간이 짧더라구요, 물때가. 그러니깐 지금 같으면 저 사람들 막 중국 배들 밤에 막 일한다고 그러는데, 그런 게 있을 거예요. 낮에 같은 때는, 낮에 물때가 있어도 물이 세고 그러니깐, 낮에 일을 못하고 밤에 이렇게 물때 골라서 하느라고…. "저 새끼들은 막 밤에만 일한다"고 이런 말하더라구요. 근데 그런 게 아마 그래서 그러지 않나…. 애들 찾는 것도 보면은 거의 밤에가 많이, 낮에 보다는 밤에가 많이 거의 찾더라구요. 찾아 나올 때도 그렇고, 때가 좋아서….

면담자 그런데 인제 그 102일 동안 아무도 안 나오고 그러면서 그 사이에 진도체육관이나 팽목항에 계시던 분이 굉장히 많이 줄어들었을 거 아니에요? 그러니깐 다 찾아서 올라오시고 남아 있는 분들이 얼마 안 계셨을 건데, 그때부터는 아마 정부나 이런 쪽이랑 대응을 하는 것도 남아 계신 분들이 하실 수밖에 없었을 거라고 생각이 드는데….

지현 엄마 그렇죠. 체육관에서 브리핑했거든요, 그때까지만 해도, 어느 정도 있을 때까지만 해도. 체육관에서 브리핑하고, 팽목항에서 브리핑하고 그랬어요. 그래서 거기로 팽목항에서 있는 사람 팽목항에서 브리핑 듣고, 여기서는 서해청장이 하고, 거기서는 청장이, 그런 식으로 브리핑하고 그랬는데, 나중에 9명, 10명 남을 때, 10명 남을 때부터는, 11명, 11명 남을 때부터는, 민지까지 있을 땐가…? 12명, 12명 있을 땐가 보다. 민지, 이영숙 씨까지 있을 때부터 어차피 하루 한 번만 하자고. 아침저녁으로 하면 저기니깐 그냥 팽목항으로 저희가 맨날 넘어갔어요, 그냥. 어차피 바닷가 앞이고 그러니까는 그 사람들도 배에서, 배에서 수색하고 나와서 막 체육관까지 들어오고 그럼 또 복잡하고 그러니깐. 거기로 한 번만 하자고 그래서, 거기서 5시에 브리핑하러 한 번씩 맨날 그냥 나갔고. 그냥 맨날 뻔한 소리지 뭐. 어제 어떻게 해서, 맨날 수색이 지금같이 설명하면, "비행기 몇 대 뜨고 몇 대 비행 그거하고, 배 몇 대 해가지고 맨날, 하는 게 어디어디 수색했다", 맨날 설명하는 게. 그럼 "어디 해달라" 그러면은 또 "어디 해준다", 그럼 난리 치고… 서로 싸우고. 선수 해달라 저기 하면, 은화 엄마는 거기 맨날 은화가 선미 쪽에 있었는데, 선미 쪽은 나중에 다 뜯어놓은 상태거든요. 그러면 날씨 좋을 때 거기 빨리빨리 한다고 거기 막 해가지고 난리 치고 싸우고. 맨날 난리 쳤어요, 거기서도.

면담자 지현이 같은 경우는, 살아 돌아온 아이가 "화장실에 있다"라고 증언을 했었잖아요. 그래서 그런 부분들도 '화장실을 조금 집중적으로 수색을 해달라' 이런 요구들도 계속하셨나요?

지현 엄마 그렇죠. 지현이 아빠도 맨 처음에는 3반이 워낙 선미 쪽에서 잤어요. 근데 끝에 네 명만 중앙에서 잔 거거든요. 중앙에서 잤는데, 그때가 아침에 잘 시간이 아니니깐… 아무래도 선미 쪽으로, 옷 다 갈아입고 인저 아침에 매점 왔다 갔다 하는 거 CCTV에 [서] 봤으니깐 혹시 그쪽에 있지 않을까 [싶어서], 지현이 아빠가 선미 쪽으로 많이 가서 있었어요. 수색할 때 바지선이 [서로] 틀렸거든요[달랐거든요]. 선미 쪽으로 다른 바지선이 있었고, 이쪽에는 다른 바지선이 있었고. [이쪽에는] 언딘이 있었고 저쪽 [선미] 쪽에는 88바지선이 있었고. 그래 가지고 그쪽 가서 많이 있다가 나중에는 선미 중간 정도까지 하는데, "아무래도 이건 아닌 것 같다" 그러면서 나중에 이쪽에 언딘 쪽에 와가지고 계속 있었죠. 혹시나 화장실에 있다 그래도 얘가 움직였을 수도 있으니깐, 혹시나… 그래서 왔다 갔다 하다가, 나중에는 화장실 쪽만 집중으로 했죠.

면담자 짐이 나온 거는, 지난번에 지갑이 먼저 나왔다고 이야기해 주셨잖아요. 그게 언제쯤이었죠?

지현 엄마 한 7월 달부터? 6월 달? 아, 7월 달 정도 된 것 같아요. 6, 7월… 그 정도? 가방하고 책가방 하나, 여행가방 하나, 나온 게 그 정도. 바지[는], 가서 입을 바지, 잘 때 입을 바지 하나하고, 검정 티 하나하고 이렇게 해가지고. 가방에서, 아, 7부 바지는 가방에서 안 나왔는데 걔 바지가 좀 특이하거든요. 막 이렇게 초록색 헌 바진데, 그거 지가 가지고 가서, 지가 편하니깐 그거 가지고 갔더라구요. 그 바지랑, 나온 게 다 일찍 나왔어요. 한 7월, 7월 달 아니면 6월 달 정도에? 날짜는 확실히 모르고… 그 정도에 다 나왔어요, 지갑도 그 정도 [시기에] 나오고.

면담자 짐도 나온 시기나 이런 것들이 다 달랐네요.

지현 엄마 예, 예.

면담자 어머님, 그 짐 나왔을 때… 집으로 온 건가요?

지현 엄마 아니요, 체육관에 있으니깐 거기서.

면담자 진도체육관으로?

지현 엄마 거기서 브리핑할 때 물건을 맨날 보여줘요. 순서대로, 브리핑하고 나서 다 이렇게 이렇게 순서대로 해요. 그러면 나중에 유실물 하면, 그 사람이 나와서 또 사진 찍어다가, 다 보여드리면 '지현이 거 같다' 그러면 가서 보는 거예요. 거기 유실물센터가 있었어요, 팽목항에. 그럼 거기 가서 저희가 보고 확인하는 거죠, 그런 식으로.

면담자 어머님, 그럼 처음 받았을 때 약간… 이렇게 소금 냄새도 나고 좀 그렇잖아요, 그때?

지현 엄마 그렇죠, 엉망이죠. 그래서 거기 심리상담사인가 김지영 씨라고 있거든요. 그분이 다 드라이해다 주고 그랬어요. 가방이고 뭐고, 다 그냥 놔두면은 그게 빨아서도 해결이 안 되니깐 뻘 냄새랑 막 저기 하니깐 다 드라이해 주고, 애들 가방 나오면, 영인이 가방 같은 거 나오면, 거기서 다 몇 번 빨고 막, 드라이하고 그럴 정도로 가방들이….

면담자 가방이 먼저 돌아와서 좀 마음이 많이….

지현 엄마 그렇죠…. 그래도 뭐래도 찾으면, 마음이 그래도 낫죠, 안 찾은 것보다. 현철이 같은 거는 아무것도 안 찾아서… 더 힘들어하거든요, 사실. 애도 못 찾았지만은. 그래도 영인이 같은 경우엔 지갑 다 나왔는데, 현철이 같은 경우엔 아무것도 안 나왔거든요. 가방도 안 나오고 그러니까 엄마가 힘들어해요.

5
미수습자 가족들 사이의 갈등

면담자 팽목항에 있는데, 영인이나 현철이나 은화 어머니 이렇게 부모님들 말고, 이영숙 씨는 또 아들밖에 없었잖아요. 계속 같이 계셨던 거예요? 아니면 다들….

지현 엄마 아들도 나중에 온 것 같은데요? 아들이 같이 살지 않았다는 것 같아요. 근데 부산인가 어디 있다가 나중에 온 것 같아요. 처음에는 잘 없었던 것 같애요. 나중에… 와가지고 저기 했다가, 또….

면담자 일반인 희생자분들이나 선생님들은?

지현 엄마 선생님도 양승진 선생님 사모님만 있었고, 고창석 선생님 사모님은 애들이 어려 가지고, 와서 있지 못하고 가끔가다 한 번씩만 내려왔어요. 내려왔다가 브리핑 같은 거 잠깐, 뭐 할 때만 잠깐잠깐 있다 가시고. 양승진 선생님 [사모님]만 계속 상주하고 계시고…. 그러고 인제 권오복 씨네 그 애기… 애기가 둘이, 동생하고 조카 저기 한 사람 그분만. 권오복 씨하고 그 위에 형님하고 권오복 씨 형님하고 둘이 계속 와서 계시고, 그런 식으로….

면담자 아버님이 미수습자 가족 모임 대표를 하셨잖아요. 그 미수습자 모임은 언제 구성이 됐는지?

지현 엄마 워낙은 중근이 아빠가 대표하고 있었거든요. 중근이 아빠가, [중근이] 찾아 올라가면서 대표가 없었어요. 그러다가 나중에 현철이 아빠가 올라갔다 온 뒤에, 형님이 지현이 아빠를 저기 [추천]했나 봐요. 그러니깐 할 사람이 없다고 막 하라고 그러니깐, 나이가 지현이 아빠가 좀 많으니깐… 다른 사람에 비해서. 그러니까 하라는데, 지현이 아빠도 워낙 말하고 그러는 거 싫어해요. 어디 앞에 나서는 것도 싫어하고, 성격이 좀 그래. 그래서 "안 한다" 그랬다 어떻게 해서 [하게 됐는데] 그 자리가 욕먹고 그런 자리잖아요. 잘해도 욕먹고 못 해도 욕먹고 그런 자린데, 안 한다 그러더니 어떻게 하더라고요. 그래서 옥신각신 한참 했어요. 그때 [미수습자 가족 대표] 하다 보니깐, 워낙은 은화네랑 현철네랑 엄청 친했는데, 막 팔짱 끼고 그럴 정도로 친했었는데, 어느 순간에 틀어지더라구요. 체육관에서 무슨 일이 있어 가지고 한번 틀어지게 되더라구요. 뭐가 의견이 안 맞았나 해가지고 틀어져 가지고, 은화네 같은 경우에가 팽목항으로 넘어갔거든요, 그러고 현철네는 여기 있고. 〈비공개〉

면담자 주로 옥신각신하게 되는 그 계기나 이유 같은 것들은 수색과 관련된 그런 것들인가요?

지현 엄마 그런 거, 아마 그랬겠죠. 수색 같은 것도 그렇고, 의견 충돌이 [생기고] 뭐가 같이 안 맞으니깐 아무래도. 〈비공개〉 그때부터 저기 하고. 지현이 찾기 전에도, 저 같은 경우에도, 계속 지현이가 엄청 오래 있다 나온 거잖아요. 근데 이게 워낙은 오래 있는 게 아니라, 빨리 저기 해가지고 인양했으면 지금보다…. 지금도 그래요. 인양을 빨리해 가지고, 한두 달 [안에] 해가지고 [했으면 좋았을지도 모르는데], 딱 누가 나서는 사람이 없으니깐…. 그냥 질질질 계속 끌고 있으니깐 이것도 안 되고, 지금도 인양이 계속 늦어지는 거잖아요. 그러니깐 인양을 빨리 했으면 작년에[라]도 혹시 인양이래도 되지 않았을까… 그런 말도 하는데. 흐지부지하니까는 나중에도 그나마 인양이래도 안 될까 봐, 빨리 현철이 아빠가 어떻게 [하고 싶어 하고].

나 같은 경우에는 끝까지 찾는 걸 원하는데, 워낙 나는 지현이 아빠 의견에 따라요, 그냥. 근데 다윤이 엄마도, 자기도 은화네 저기 하면 은화 엄마는 끝까지 수색하는 거 원하고, 다윤이 엄마도 같이 간다 그랬다가, 끝까지 찾는 걸 원한다 그러다가, 나중에 지현이 찾을 무렵에 거의 인양, 거의 [수색] 종료를 거의 하려고 그랬어요. 거의 한 10월 말 정도에 해야 되겠다 그랬는데, 지현이가 인제 28일 날 나왔다 29일 날 찾아온 건데, 그때 정도 [수색 종료]해야 되겠다, 그날도 회의하다 회의 막 끝나고 나와서 "지현이 나왔다"고 소식 듣고, 그때쯤에 그런 거예요.

아무래도 부모면은 아무래도 그렇죠. 인양보다는 끝까지 해서 금방 찾을 것 같고 마음이 그렇잖아요. 계속 안 나와도 그런 게 있잖아요. 근데 저 거기가 너무 위험하니깐…. 그 사람들도 그렇게 맨날 해도 제대로 했다고 수색했다고는 볼 수는 없잖아요. 지현이 같은 경우에도 화장실에 그렇게 있다고 그래도 열 몇 번 들어갔다고 그러는데도 그때[서야] 찾아온 거 보면은…. 지금 같은 경우에도 제대로 수색했다 볼 수 없는 거잖아요, 사실은.

〈비공개〉

면담자 처음에 미수습자 가족회의 때, 인양할 거냐 수색 종료할 거냐, 이 얘기가 처음 나온 시점이 언제쯤이었어요, 어머님?

지현 엄마 그러니깐… 한 10월 초부터 그렇게 했을 거예요.

면담자 가족들이 먼저 제기하신 거예요? 아니면 해경이 의견을 낸 거예요?

지현 엄마 아니, 거기서도 자꾸 이상한 말이 자꾸 나오니깐요.

그러니깐 그 사람들도 자꾸 나중에 막 흘리는 말이, 이상한 말, "돈으로 해결한다" 그런 말이 있었어요. [애들] 못 찾으면 돈으로 해결한다는 말, 저기 하면 끝낸다는 말도 있고, 그래서 제가 그런 말 때문에 되게 힘든 적이 많았거든요, 사실은.

자식이 없는데 돈이고 뭐고 다 필요[없잖아요]. 지금도 그런 거 짜증 나고, 돈 있고 그런 것도 짜증 나요, 사실은. 그런 게 어차피 먹고 쓸 만큼만 있으면, 몸 건강하면, 내가 벌어서 쓰고 그런 것도 괜찮잖아요. 그런 게 있으면 되는데, 돈 가지고 막 저기 하고 그런 게 싫었는데, 그런 말이 막 들렸었어요. 테레비에서 문건이 나왔네, JTBC 같은 데서도, 거기서 흘렸겠죠.

뭐 그러니깐 그런 말 하고 그러니깐, 시간이 오래 가다 보니깐, 나오는 사람도 없고, 수색해도 맨날 그날이 그날이고 그러니깐, '[수색 종료] 해야 되는 게 아니냐' 그런 말이[을] 자꾸 자기네들끼리만 [하는 거죠]. 지현이 아빠랑 현철이 아빠랑 자기네[끼리] 자꾸 해다[이야기하다] 보니깐, 그 선생님들도, 그 고창석 선생님 저기[사모님] 하고 다 그래 가지고, 종료해야 되는 거 아니냐는 식으로 자꾸…. 그래 가지고 그때쯤 자꾸 의논을 했던 거예요, 그때. 한 10월 초부터 그랬던 것 같아요, 10월.

면담자 어머님. 지현이가 나오고 나서, '오히려 수색이 좀 그동안 미흡했으니깐 더 해야 되는 거 아니냐' 이런 의견도 더 강했을 것 같은데요?

지현 엄마　　네, 그래 가지고 더 쪼금 더한 거죠. 그나마 한 15일 정도? [수색이] 한 11월 중순경 정도에 끝난 거 같은데요. 그 정도.

면담자　　제가 언론에 기사를 찾아보니깐, 지현이 장례하고 바로 남아 계신 미수습자 가족들이 수색을 종료를 하겠다고 선언을 하셨던 것 같은데, 그 이후에도 수색이 좀 됐던 거예요?

지현 엄마　　한 중순경까지 한 것 같아요, 수색은. 그러고 나서 그때 다 올라온 것 같아요.

면담자　　이후에 수색 종료 결정하고 나서 정부랑 합의했던 내용 발표는 거기에 안 계셔서 못 들으셨겠네요?

지현 엄마　　자기네들이 확실히 인양까지 하게 하기로 했었는데, 그거까지는 확실히 안 한 것 같아요. 그러니깐 나중에 인양해 달라고 유가족도 가고, 다 계속 난리 치고 그랬잖아요. 또 도보도 하고 계속…. 그러니깐 그것[인양]까지 확실히 결정을 안 해놓고 수색 중단, 그냥 말로만 그런 건지 어쩐 건지는 아무튼 자기네들이 결정했어요. 〈비공개〉

면담자　　지금 그러면 유가족 모임이랑, 실종자 가족 모임이랑은 별도로 진행이 되고 있는 건가요? 제가 기사에서 보니깐… 어머니는 양쪽 다….

지현 엄마　　아니에요. 〈비공개〉 인양한다고 발표하기 전에는 저도 인제 실종자들 따라서 가끔가다 광화문 간 적 있었거든요. 피케팅해 주러 같이 간 적 있는데, 〈비공개〉 다윤이 엄마는 다윤이 엄마대로 청와대 갔다가, 홍대 갔다가. 지금은 다윤이 아빠가 아파서, 요새는 그나마도 못 간다고 하는 것 같더라구요. 따로따로, 거기도 요새는 실종자들 모임도 없는 것 같애요, 거의. 어디 꼭 갈 때, 해수부 같은 데 갈 때는 같이 가는 것 같았는데, 요새는 그런 거 없는 것 같아요. 〈비공개〉

면담자　　어머니는 사실 양쪽에 다 계시잖아요. 그러면 좀 안타까움이나 그런 것도 좀 있으실 것 같은데….

지현 엄마　　그렇죠(한숨). 아무래도 같이 가면 좋은데 이게 마음이 다 틀리니깐[다르니까]…. 거기 있을 때부터 그랬어요. 근데 사람 마음이 다 똑같나요? 가족끼리도 부부끼리도 애들끼리 자기 자식하고도 마음이 안 맞는 상탠데…. 〈비공개〉

6
책임지지 않으려는 공무원들

면담자　　좀 다른 이야기로 넘어가 볼게요. 지난번에 이야기해 주실 때 공무원들이나 관계자들의 대응에 대해서 잠깐 이야기를 해주셨는데, 책임을 지지 않으려고 하는 모습들에 굉장히 실망을 하셨다고 말씀하셨잖아요? 구체적으로 어떤 일에서 그런 느낌을 받으셨는지요?

지현 엄마 다 그런 거죠. 지금도 그 사람들 얼마나 똑똑한 사람인데, 뭐든지. 그때 우예종 [해양수산부 상황]실장이고 다, 해수부 장관이고 다, 거기 있었잖아요. 근데 뭐든지 자기네 책임 안 지고, 시키는 것만 [하는 거예요]. 뭐 이렇게 하나 배가 빵꾸[펑크]가 나도 그거 막아야 되면은 그때까지 자기네가 알아서 딱딱 하고 [나서] 이렇게 했다고 그러면 되는데, 와서 '그거 막아야 되냐'고 [하나하나 물어봐요] 그러면 그때서 그때 시키는 것만 해요. 아무것도 안 해요. 스스로 하는 게 없어요. 누가 책임 안 지려고… 하는 게 없어요.

면담자 배에 빵구 난 거는 어머니 어떻게 아셨어요?

지현 엄마 창문 같은 거 깨지고 그런 거를 자기네들이 설명을 해요. 이렇게 막 잠수부들이 들어갔다 오면, "어디가 저기 했다, 뭐 어디 저기 유실 방지해야 된다" [하는데], 그러면 유실 방지 같은 거 제대로 해야 되는데 그런 거 안 하고 [있는 거예요]. 그러면 나중에 그런 거 뭐라고 가족들은 난리를 난리를 치죠. 뭐가 또 유실 방지 제대로 안 되고 그러면 그때서 한다고 그러고. 그러니깐 시키는 것만, 시키는 것만 하는 거예요, 다 서로. 책임 안 지려고, 누구하나 책임 안 지려고… 다 시키는 것만….

면담자 가족들의 요구라든가 뭐 그런 것들이 제기가 돼서, 그런 것들만 굉장히 수동적으로 움직인다는 말씀인 거죠?

지현 엄마 그렇죠, 스스로 하는 거 없어요. 그니깐 내가 옛날엔 정치에 관심도 없지만, 지금도 이렇게 보면 다 서로들 정치 싸움이고 뭐고, 서로 기냥 맨날, 사기꾼들에다가 도둑놈들 다… 그냥. 맨날 싸우기 바쁘고, 맨날 책임 안 지려고 서로, 맨날 다 그런 것밖에 안 보여요, 지금도.

면담자 특별히 공무원들이나 관계자들의 대응 중에서 기억에 남는 게 있으세요?

지현 엄마 잘… 몰라요(웃음). 기냥 다 멍청한 거 같아요, 아무튼.

면담자 특별히 멍청하다 느끼셨던 때가 언제…?(웃음)

지현 엄마 아무것도 안 하니깐 멍청한 거죠. 제대로 해주는 게 없으니깐.

면담자 어쨌든 기대에 굉장히 못 미친다는 거죠?

지현 엄마 외국 같은 데는 저번에 배 저기 했을 때도, 딱 하면 자기네들 딱 해가지고, 인양 딱 해가지고, 딱, 딱, 하잖아요? 근데 우리나라 사람들은 그런 게 없잖아요. 뭐든지 대통령부터 시작해서 책임지는 게 없잖아요. 다, 그냥….

면담자 먼저 '이렇게 하겠다'라는 계획을 발표해 주거나 이런 게 없고?

지현 엄마 예, 솔선수범이라도 딱 해야 하는데, 그냥….

면담자 그러니깐 거의 200일 이잖아요? 그런 것들 굉장히 생생하게 뼈저리게 느끼셨을 것 같아요….

7
생일날 돌아온 지현이

면담자 그러고 이제 지현이가 돌아오던 날 얘기를 좀 해볼게요. 그러니깐 지현이가 생일날 돌아온 거잖아요. 생일날 보면, 기사가 굉장히 여러 개더라고요. 그러니깐 지현이가 발견이 되기 전에 생일파티 한 기사도 있고, 그다음에 지현이가 이제 발견된 이후 기사들도 있던데. 그날 아침부터 그 상황을 자세하게 좀 이야기를 해주실 수 있으세요?

지현 엄마 그 전날 회의 끝나고 나서, 변호사가 누구 나왔다고 그랬거든요. 근데 화장실이라니깐, 변호사도 지현이 아빠한테 와서 화장실에서 사람 하나 나왔으니깐 당연히 변호사도 지현이라고 생각했나 봐요. 그러니깐 나왔다 그랬는데…. 인제 [그날 바로] 꺼내오진 못하고 그날부터 화장실이니깐 저도 거의 80프로는 '지현이겠다' 생각했거든요. 그 이튿날 저희 반 사람들이 몇 명 지현이 생일 해준다고 네다섯 명 내려왔어요. 그래 가지고 피자에, 미역국이랑 끓여가지고 케이크 사다 놓고 미리 다 해가지고, 그 이튿날 아침에 또 봉사자 하나가 케이크 만들어가지고 가져오고, 생일 하러 갔다 가고. 그랬더니, 아무래도 그때는 막 카메라들이, 그런 날이면 누구 나오고 그랬으니깐 아무래도 카메라들이 많이 붙잖아요. 그래서 팽목항 가서 저기 해주고. 근데 배가, 날씨가 안 좋아요. 그때도 인제 낮에가 [조류 상태가] 안 좋으니깐 그 아침에도 들어갔는데 또 못 꺼내왔어요. 지현이를 못 꺼내오고 저녁에 이것들이 자꾸 시간 끓이다[끌다] 안 꺼내오는구나. 인제 저기 다윤네 그 이모랑 진도분과 김재만 씨랑, 정수 삼촌 몇 명 해가지고 배에 들어가 가지고. 그때 지현이가 한 6시 넘어서? 우리가 5시 정도에 거기 브리핑에 가거든요. 5시 넘어서 갔는데, 그때 6시 넘어서 그때 꺼내온다고 그러더라구요. 그래서 저희 반 사람들이랑 나가가지고 기다렸어요. 그때서 6시 넘어서, 7시 넘었나? 그 정도에 왔어요.

근데 변호사가 그 전서부터 신발 사이즈 같은 거, 옷 저기 한 거 같은 거, 신발 발[치수]이 크냐 어쩌냐 했는데 다윤이랑 은화 같은 경우에는 발이 작았대요. 지현이가 워낙 덩치가 크니깐 지현이 [발 크기가] 한 250[mm] 정도 되거든요. 그러니깐 변호사가 오자마자 사진 찍어오니깐 옷이 지현이가 초록 색깔 후드티에 바지, 지현이 옷이더라구요. 티가 하얀 줄무늬에다가 곤 색깔 틴데, 하얀 줄이 팔에 이렇게 있었거든요. 그런데 그게 지현이 옷이더라구요. 근데 상태가 좋았어요, 지현이 상태가…. 이렇게 허벅지 이렇게 요만큼 하고 요기 요만큼 찍었는데. 얼굴 같은 데는, 저 같은 경우에는, 보면 그게 진짜 힘들잖아요. 얼굴 같은 데[는]…. 그런데 "상태가 좋다고, 너무 잘 나왔다"고. 화장실 그때 한 6개월 넘어, 7개월이 다 됐으니깐, 그 전에 한두 달 전에 나온 사람만 해도 머리가 다 빠지고 험해 가지고 못 봤거든요. 한 한 달 정도 [되어서] 나온 사람들도, 얼굴 못 본 사람들도 많거든요. 그때도… 보려면 보라는데 저도 그렇고 지현이 아빠도 그렇고 그거 보면 못 산다고…. 못 보고 그냥 사진 찍어서 지현이구나… 그러고 그랬죠. 그러고 그 이튿날 아침에 지현이 거기 갔는데, 지현이라고. 유전자 검사해 가지고 지현이라고 나오고…. 그나마 나와줘서 감사하죠. 지현이 저기니깐… 또 우리는 오래 있다 보니깐 못 찾은 사람들도 마음도 알잖아요. 진도체육관에서 오래 있다 보니깐… 그 세월이 되게 저 같은 경우에도 다리도 많이 아프고, 엄마들도, 다윤이 엄마 같은 경우에도 엄청 많이 아프고… 다… 몸이 제대로 된 사람이 없어요. 현철이 엄마 같은 경우에도 그래서 맨날 병원에 위궤양, 저기 현철이 아빠도 아프고, 맨날 다 오래 있다 보니깐. 아무래도 거기가 체육관이다 보니깐 이렇게 한뎃잠이잖아요. 다 그러니깐 몸들이 다 저기죠. 그러니깐… 아픈 상태니깐….

면담자 계속 그러면 숙소는 별도로 따로 마련을 해준다거나 이런 거는 없었나요?

지현 엄마 바깥에 컨테이너 방도 있는데, 서로 더 아프고 그러면 더 모르니깐, 그래도 얼굴 한 번씩 보더라도 다 이렇게 공개된 데가 좋다고. 방에는 될 수 있으면 낮에 잠깐씩 들어가면 저기 하는데. 워낙 방도 컨테이너도 해달라면, 그때 일반인 가족이 있었어요. 저기, 권오복 씨 말고, 또 하나 또 조카랑 차진석 그 사람이 대표, 일반인 대표가 한 사람 있을 때였는데, 그 사람이 그 "컨테이너 해달라" 해가지고 체육관 바깥에 컨테이너가, 집이 몇 개가 있었는데, 거기 해준 거 있었거든요. 거기 있긴 있는데 거긴 낮에 가서 잠깐씩은, 나중에 경찰도 쉬고, 다른 사람도 막 쉬고 그런 저기고. [학생] 가족들은 거기 가서 잘 [안 있었어요]. 낮에 한 번씩 들어갔다 오는 사람도 있고, 저희 같으면 거의 안 들어가고 체육관에서 거의, 그때 7개월 가까이 체육관에서 있었거든요, 다 이렇게.

8
법률지원단의 도움

면담자 일반인 대표 있었을 때가 언제쯤인지 기억나세요?

지현 엄마 한… 7월 달에 찾아갔나? 7월 달에? 그 정도 찾아간 것 같은데.

면담자 5, 6월부터 계속 그분이었어요?

지현 엄마 민지네 찾기 전에 찾았을 거예요. 아마 그래서….

면담자 그분이 5, 6월부터 계속 일반인 대표 방에 계셨던 거예요? 아니면, 7월 전부터 한 달 넘게 대표 하셨던…?

지현 엄마 그 사람이 하다가 "컨테이너 해달라" 해가지고, 그 사람 저기 하고, 나중에 그 사람 나가고 나서는 일반인 대표가 이영숙 씨, 그 아들 저기 하고 그랬거든요.

면담자 일반인 대표분이 같이 회의 들어와서 이렇게….

지현 엄마 예, 같이하고 했죠.

면담자 어머니, 변호사가 있었다고 얘기했잖아요? 배 변호사. 배 변호사가 주로 어떤 일 같이했는지? 내려와서 기억 남는 일화나 뭐.

지현 엄마 (웃음) 뭐라고 얘기해야 될지….

면담자 아니 그냥 팽목에서 계속 그냥 느꼈던?

지현 엄마 팽목에서 그냥, 그 사람들은 정부 상대로 군청 같은 데 그런 데 쫓아다니고. 우린 아무래도 그런 거 잘 모르잖아요. 뭐 우리[는] 자기 몸에 신경 쓰기도 바쁘고 그러니깐. 그 사람이 쫓아다니면서 어떻게 해야 되나 그런 거 쫓아다니고, 맨날 해경들 만나고, 배 변호사가 그런 거 하러 다녔던 거 같아요. 나중에 인양 같은 것도 배 변호사가 인양 그런 거도 이야기했던 것 같아요. 빨리 저기 [수색] 끝내고 [인양]해야 되지 않냐. 〈비공개〉

9
진도에서 만난 고마운 사람들

면담자 어머님, 근데 사실은 배 변호사 말고도 도와주는, 같이하는 사람들이 있었잖아요? 좀 기억에 남는 일화라든지 혹시 그런 게 있으신지?

지현 엄마 도와주는 사람들이요? 아무래도 진도 오래 있다 보니깐 진도 분들이 많이 도와주고, 또 물리치료사 선생님들도 많이 도와주시고. 아무래도 그런 사람들 많이 의지했죠. 지금까지도 그런 사람들이, 지현이 아빠는 지금도 물리치료사 선생님들 엄청 고맙다고 얘기할 정도로, 지금도… 막 고맙다고 그러거든요. 그 사람들 저기 한다고.

면담자 물리치료 선생님들이 체육관으로 와서 도와주셨어요?

지현 엄마 예, 체육관에. 맨 처음에 그 사람들도 봉사하신 거였죠. 단비 [선생님] 같은 경우에는 봉사로 이렇게 도수 선생님, 도수 하시는 분들이에요. 물리치료 선생님들이, 도수치료[손의 기술을 이용한 치료] 하시는 분들인데, 단비 같은 [경우] 월급 안 받고, 맨 처음에 사고 났을 때 그냥 내려와 가지고 봉사했어요. 그래서 나중에는 복지부에서 그 사람들 월급 주고 해가지고 많이 뽑았었어요. 그래가지고 맨 처음에는 저기서, 어디 이렇게 어디야, 보건소? 보건소 같은 데서 와서 기본적으로 이렇게 하는 거, 전기치료 같은 거 그런 거 하는 거, 그러고 손으로 해주는 사람[이 있었고] 가끔가다 그 단비 같은 경우에, 고런 사람들, 가끔가다 이렇게 봉사 오시는 분들 계셨고. 나중에는 복지부에서 그거[주선] 해가지고 그거[도수치료] 선생님들 여기저기 전국에서 이렇게 해가지고 봉사오시는 건데, 그 사람들 나중에는 월급 주고, 단체가 있더라구요. 그 사람들끼리 협회가. 그래 가지고 나중에 그런 식으로 와가지고 거의 끝날 때까지 그 선생님들이, 우리 오고도 나중에 끝날 때까지 그 사람들이 같이 있었으니깐.

면담자　물리치료 선생님들 특히 기억에 남는 게 있으실 것 같은데….

지현 엄마　많죠, 지금 다. 단비 선생님. 내가 제일 이뻐하는 사람, 단비 선생님 같은 경우에는 요번 달에도 온다고 그랬는데 아직 안 왔는데. 저번에도 지금 몇 번 봤어요. 광화문에서도 보고, 저기서도. 근데 마음이 되게 약한데. 선생님도 많아요. 경석 샘 다. 선생님들…. 전화번호도 몇 개 있는 사람, 상우 샘 같은 선생님들도 몇 분 있고. 저번에도 여섯 명인가 일곱 명, 우리 이사하고 나서 6월 달에 한 번 왔었고. 집에 여섯 명인가 일곱 명 왔었거든요. 그때도 자기네들 다 그 침대까지 가지고 와가지고 치료해 주고 가고. 그때도 그러고… 지금까지도 아무래도….

면담자　그 물리치료사 선생님들이 특별히 더 기억에 남는 거는, 전에 이야기하실 때도 "무릎이 안 좋아지셨다"고 이야기를 하셨는데, 뭐 그렇게 해서 상시적으로 치료를 받은?

지현 엄마　치료받는 것보다도 마음적으로도 의지를 많이 하죠. 아무래도 갈 데 없으면, 그 선생님들네 가서 말벗이래도 저기 하고, 아무래도…. 편하니깐 아무래도.

면담자　물리치료만 받으신 게 아니고, 같이 이야기도 하시고?

지현 엄마　기냥 정거장이 될 정도로, 옆에 와서 있고, 그냥 맨날 그러니깐 아무래도 편하죠. 그러구 나중에 있을 때는 다 진도 분들, 아는 사람이 거기 진도에도 엄청 많았어요. 다 거기 사람들이, 지금도 가면 아는 데가 엄청 많아요. 식당이고 뭐고 다. 그냥 봉사 온 언니들이고, 절 부스에도 가면 다 이렇게 봉사해 주러 온 스님들이 계시거든요. 거기다 그분들도 그렇고, 아무래도 그런 사람들이 많이 도움을 많이 준 거죠.

10
진도에서 만난 정치인, 언론

면담자 　그런 분들 말고 인제 그 팽목항이나 진도에 대통령도 내려가셨고 해수부 장관도 내려가셨고 이렇게 내로라하는 인사들이 또 많이 내려갔었잖아요. 그런 분들 중에서는 특별히 기억에 남는 분들은 없으세요?

지현 엄마 　다 얼굴은 다 봤죠. 맨날 오면 대통령이고 뭐고 다 그냥.

면담자 　대통령이 갔을 때는 어떠셨어요?

면담자 　그날 상황? 인상 깊었던 장면이나?

지현 엄마 　앞에서 바로 우리 시누랑도 있었는데, 우리 시누는 좋다고 사진 찍고 그러는데, 좋긴 뭐가 좋아요. 그때는 다 진짜 다

금방 끝날 것 같이 그땐 그랬잖아요. 사고 나고 얼마 안 돼서 체육관에 왔었고, 한번은 팽목항으로 왔었거든요, 그때. 그래 가지고 "다 해준다"고, 그랬었잖아요. 그때는 "다… 끝까지 다… 한 사람이 나올 때까지 다 찾아준다"고, 대통령도 그렇게 말씀하셨으니깐. 사람들 엄청 많았고, 나중에는 국회의원도 잔뜩 와갖고 체육관에도. 김무성이만 안 왔고 거의 다 왔어요. 국회의장까지 다 왔으니깐. 다 카메라 천지, 맨날 난리 치고. 거기서 안 본 사람 없는 것 같아요. JTBC 그 손석희까지 다 왔으니깐. 아무튼 손석희 왔을 때도 간담회까지 거기 이렇게 해가지고 했었으니까…. 국회의장이고 뭐고 다….

면담자 그런 분들 중에서는 특별히 맘에 드는 사람은 없었나요?

지현 엄마 특별히 뭐, 없었어요.

면담자 간담회 때 뭐 어떤 얘기 주로 나누셨어요?

지현 엄마 기냥 질문하는 거. "어떻냐" 그런 거. 특별나게 질문하는 거, 간단하게…(웃음) 잘 기억은 안 나고….

면담자 어머니, 되게 많은 사람들을 봤잖아요, 사실은….

지현 엄마 그렇죠. 다 봤죠. 거기서.

면담자 좀 어떠세요? 그런 분들…?

지현 엄마 좋은 건 없죠. 거기서 그 사람들, 안 봐도 될 사람들인데 지현이 일에 [때문에] 다 봤으니깐. 내 다리는, 그 사람들에 대해서, 그 사람들 안 왔으면 내 다리가 이렇게 안 아팠을 거예요. 근데 국회의원들 왔을 때, 6시간, 7시간 꼬부려 앉는 바람에 다리가 이렇게 더 아파졌거든요. 그때부터….

면담자　　그때 뭐 이렇게 의자나 뭐 제대로 된 자리를 안 만들었나요?

지현 엄마　　아니, 땅바닥에 앉았으니깐 그때 다리가….

면담자　　왜 그렇게 길게 앉아 있었어요?

지현 엄마　　그때 해결이 안 되니깐. 그때 뭐 해준다고 저기[이야기] 했을 때, 6시간, 7시간, 그때. 누구야 심재철인가? 누구 오고 막 그랬을 때 그때, 아무튼 6시간, 7시간 그 정도 앉아 있었어요. 그때 그래 가지고, 체육관에서 그러는 바람에, 그때부터 다리가 아프기 시작한 게 막 다리가 엄청 그래[아파] 가지고 그때부터 계속 목포병원에 다니고, 근전도 시술하고 막 그랬는데. 다리가 그때부터 계속 아팠던 거죠. 그래 가지고 목포 한국병원 가서 관절약 계속 먹으면서 몇 개월을….

면담자　　원래 그렇게 길게 얘기할 그런 건 아니었던 거예요, 처음에는?

지현 엄마　　그렇죠.

면담자　　끝장토론? 이런 식으로…?

지현 엄마 오면, 잠깐 있다 가는 건데, 그때 여야 의원들 다 왔을 거예요.

면담자 그때 상황을 좀 자세히 설명해 주시겠어요?

지현 엄마 잘 기억이 안 나요. 잘 그런 데 관심이 없어 가지고.

면담자 둘이, 여야 대표들이 와서?

지현 엄마 예, 그랬어요. 아무튼 합의가 뭐가 안 됐으니깐 그때 다 그랬을 거예요. 아마 그래 가지고.

면담자 아, 이 자리에서 합의를 하고 가라? 그래서 오랫동안 기다렸던…. 어휴, 그럼 회의실을 좀, 제대로 된 의자를 만들어주지(웃음).

지현 엄마 사람이 많으니깐 그때는 그 사람들만 자기네들만 오면 따라오나. 카메라에다가 뭐에다가 사람 막 범벅이죠. 엄청 많죠, 사람. 체육관에 막 빵 둘러 엄청 많았었는데, 그때.

면담자 근데 TV만 보면, 카메라 보면 멀미 나지 않으세요? 전 이렇게 처음에 좀 그랬을 것 같은데….

지현 엄마 난리 났죠. 카메라 때려부수고, 막 난리 치고 예민한 사람들 쫓아[내고] 팽목항이고 체육관이고 카메라 찍는다고. 그때는 막 어수선하고 난리 쳤으니깐, 처음에 사고 나고 계속 얼마 동안은. 그래서 반별로도 이렇게 따로따로 목걸이 만들어주고, 사진 이렇게 해가지고 목걸이 만들어주고 그랬거든요, 그때만 해도….

난리 치고.

면담자 어머니, 근데 그 9월쯤에, 추석 때 동행 취재한 거 보고, '어머니도 이제 언론이 낯설지 않은가 보다' 이런 생각도 좀 들던데요.

지현 엄마 그런 거 지금도 싫어요. 나중에 지현이 나올 때쯤 그 카메라도 계속 싫다고 그러는데, 지현이 나오고 나서 아마 SBS에서 그 스페셜인가 뭐 했을 거예요. 근데 나중에 지현이 아빠 위주로만 이렇게 나왔는데, 팽목항에 밥 주러 가고 그랬을 때, 그 사람이 계속 따라다녔거든요. 저번에 졸업식 때도, 요번에 또 광화문 가니깐 그 사람 또 오셨더라구, 졸업 시즌에 그 또 그 애들.

면담자 오마이뉴스 기자?

지현 엄마 아니에요. SBS 스페셜 기자인데, 계속 쫓아다니고 워낙 그런 거 싫어해요, 저 카메라 같은 거 저기[싫어] 해가지고.

면담자 어머니 인터뷰 기사나 이런 것들도 꽤 많이 나왔던데…(웃음).

지현 엄마 취미 없어요, 그런 거(한숨). 아휴

면담자 그때는 그냥 어떤 마음으로 하시게 된 거예요?

지현 엄마 싫다 그래도 어쩔 수 없으니깐. 또 근데 현철이 엄마 같은, 아예 손석희 같은 거 왔을 때도 현철이 엄마가 나타나지 않고 그러거든요, 저기 하니깐. 근데 저는, 저기 하긴 하는데 그래도 좋진 않죠. 사실 테레비 나가는 거 자체도 싫고, 누가 쳐다보는 자체도 싫고, 지금도 싫어요. 사실은 근데 총회 같은 것도 그렇고, 머릿수 채워주러 어차피 가야 되니깐. 어제 같은 경우에도 머릿수 채워주러 가고 그러는 거지.

사실은 지현이 아빠 안 가거든요. 지현이 아빠도 혼자 있는 게 힘들거든요, 사실 지금은. 근데 혼자 놔두는 것도 힘들고 그래서, 오늘 같은 경우에도 계속 집에 있으니깐. 〈비공개〉 사람들이, 정혜신 박사가[와] 이야기하면 마음이 좀 나아진대, 그랬더니 그런 것도 싫대요. 지현이 아빠 같은 경우엔 싫어하니깐, 자꾸 힘들어하니깐. 그나마 내가 옆에 있으면은 좀 술이래도 안 먹고 그러는데, 혼자 있으면 술도 더 먹고 담배는 안 피워도 술은 먹고 그러니깐. 술을 더 먹게 되더라구요. 혼자 있고 그러면 아파서 술도 먹으면 안 되는데 자꾸 술 먹고 그러니깐. 그런 게 나는 또 신경 쓰이고. 마음도 자꾸 저기 하면 또 약해지면 무슨 일이래도 날까 봐, 그런 게 신경 쓰이고 그래서 좀, 사실은 그렇거든요.

좀 요번에도 눈 수술한 게 자기는 그렇게 될지 몰랐는데, 우리 아가씨가 간단한 [수술이라고], 누가 수술하고 왔는데 보기 싫지 않다[고 해서 수술했]는데, 자기는 그렇게 됐[을 거였]으면 수술 안 했을 거래요. 근데 수술하고 왔는데 그날은 막 부어가지고, 이렇게 막 난리를 치고. 지금까지도 눈알이 빨개 가지고. (눈가를 가리키며) 여기가 막 멍이 있는 데다 지금도 퉁퉁 부은 데다… 화요일 날에 수술했는데 지금까지. 저번 주 손은 금요일 날 수술하고 눈은 화요일 날 수술했는데, 아직까지도 오늘도 당직인데 오늘 워낙 우리가 두 명씩 돌아가며 자야 되거든. 오늘도 그래서 "못 온다" 그러고 다음으로 미뤘거든요. 그 정도로 아직도 눈이 빨개 가지고 눈알도 보기 싫잖아요. 근데 밤에 선글라스 낄 수도 없고 그게 그러니깐 그런 게 좀….

11
안산으로 돌아온 이후 위로가 되는 이웃들

면담자　　진도에서 올라온 뒤에 정신과 치료 같은 것들도 혹시 좀 받아보셨어요?

지현 엄마　　저희는 안 받았어요. 근데 여기저기 저희 반 사람들하고 어울리면서 얘기하고 욕하고 그런 걸로 끝나고 그러지. 〈비공개〉 저희는 그냥 저희 반 사람 어울리고 [그래요]. 〈비공개〉 저는 성격이 좀 긍정적인데, 제가 큰딸이라 그런지 쫌 언니들하고 친해요. 그러니깐 언니들하고 또 만나면, 제가 애기가 오랫동안 없다 보니깐은 지금도 새댁이라는 사람이 나한테 "새댁, 새댁!" 그러면서 [부르는] 언니가 있어요. 근데 그 언니도 큰딸인데 그런 게 또 아무래도, 이렇게 친구보다…. 친구들은 아무래도 같이 만나면 자기 애들 얘기를 하게 되잖아요. 자식들 얘기 그런 게 신경 쓰이잖아요. 그거는 별 듣기 좋지 않거든요, 사실은. 내가 지현이가 없는 상태에서 그런 소리 듣는 것도, 이게 친구들은 다 이렇게 같이 고3짜리가 같이 많았어요. 그러니깐 그런 게 만나는 게 신경 쓰이는데, 그 언니들 같은 경우에는 애들 다 크고 내가 지현이가 없을 때 만났으니깐. 지금도 새댁, 새댁 그러니깐 불편한 게 없고 그러니깐. 그런 사람들 찾아가서 나한테 갈 때 되면 오라 그러고, 그냥 밥 주고 그러고 그냥 밥해주고, 같이 막 먹고 놀고 그러니깐. 그런 데 가서 놀고 그런 게 편해서.

아침부턴 또 반 엄마들 만나면 또 생일 때 같은 때, 또 우리 반 애들 생일이면 또 여기 분향소 와서 챙기고 점심 먹고, 또 우리 집에 불러서 같이 내가 밥해주고 같이 밥 먹고. 그런 게 같이 만나면 욕도 하고, 그러면 또 다른 사람들 어울리는 것보다 그런 게…. 또 어디 가 상담받는 거보다도 [더 좋더라고요]. 어차피 상담받아 봤자 내 얘기 다 하는 거잖아요. 얘기 들어주면, 그 상담 선생님은 또 "어떻게 좀 마음 편하게 가져라". 그런 얘기해 주는 게 다잖아요. 사실은 약 주고 그러는 게 다잖아요. 그런 게, 그런 것도 그렇고, 그러니깐 저는 그냥 그렇게 지내고 있거든요.

아빠는 그런 데 가는 것도 저기고, 또 바로 또 1월 달부터 12월 달까지는 좀 여기저기 돌아다녔어요. 저 진도도 몇 번 가고, 저기도 여수도 가고…. 그냥 바람 쐬러 여기저기도 가고, 또 전주도 가고 그런 식으로. 회사 다니기 전에 좀 저기 한다고 그렇게 돌아다니고. 또 회사 나가니깐 회사 나갈 동안에 잠깐 또 잊어버리는데, 집에 오면은 아무래도 우리는 지현이밖에, 혼자밖에 없[었]으니까는 빈자리가 확 보이잖아요. 아무래도 둘밖에 없으니깐 얘기하는 것도 한도가 있고 그러니깐. 그렇다고 지현이 물건을 치울 수도 없는 상태고. 지금은 다 못 해준 거 더 해주고 싶고 지금도 그런 상탠데, 저기 하니깐 그런 게 보이니깐 아무래도 힘들어하죠. 그래도 [서] 지금도….

12
참사 이후 남편의 변화

면담자 '이웃'의 경우 주변 분들이 어떤 점에서 도움이 되었다고 생각하셔서 말씀하시는 거죠?

지현 엄마 예. 이웃에 가면은 정혜신 박사님, 우리 윤민이 엄마 같은 경우에는 정혜신 박사 찾아가면은 자기가 이렇게 저기 했을 때 가면 마음이 편해진대요. 근데 이렇게 보면 다른 반 부모들도 거기 제가 부모들 따라갈 때 있었어요.

(잠시 중단)

이렇게 가면은 마음이 편해진대요. 그러면 이렇게 4반 사람들도 이렇게 몇 명이서 모둠으로 정혜신 박사님 만나서 이렇게 상담받고 그러는데. 저도 우리 반 엄마들 가서[갈 때] 따라가서, 이렇게 상담받으러 간 게 아니라 기냥 놀러 갔었어요. 거기[는] 뜨개질하러 가는 엄마들 [모임인데요]. 저는 시력이 지금 너무 안 좋아져 가지고 뜨개질 같은 거, 수놓고 그러는 거 아예 안 해요, 나가서 잠깐 떠주고 하는 건 해도. 거기 가서 갔는데 정혜신 박사님[이] 있대요. 그런 사람들 만나고 잠깐 얘기하고 그런 게 다지…. 이렇게 사람들 상담받아 보면 많이 도움이 된다고 그래요. 〈비공개〉 지현이 아빠한테 그러라니까 지현이 아빠는 그런 거 원하지도 않더라구요.

면담자 좀 가서 이렇게 이야기할 사람이 있었음 좋겠다. 이런 마음으로 추천하는 거세요?

지현 엄마 아니, 힘들어하니깐. 자기가 마음이 좀 힘들어하니깐 좀 그래서 얘기래도 쫌 하고, 약이라도 저기 하고[처방받고] 그러면 쫌 나을까 해서…. 하여간 내가 한대병원으로 가라니깐 그런 데 가는 게 아직은 싫은가 봐요. 혼자 극복하려고 그러는데, 또 요새는 눈까지 더 그러니깐 더 심란해서 더 힘들어하더라구요. 저러다가 또 나 없을 때 또 저기 하는 거 아닌가. 저도 한 달에 집 비우는 날이 많아요. 당직 때 한 달에 두 번 광화문 또 올라가지, 그러면 아침에 갔다가 저녁 늦게 와요. 요번 주 목요일 같은, 광화문 갔다 아침에 가면 저녁 늦게 오는데, 그럴 때 [집이] 비지, 또 반 당직 한 달이면 네 번이지, 총회가 한 달이면 네 번이지, 막 그러니깐 최하 10번 이상은 이렇게 [집이] 비게 되거든요. 집에 이렇게 보면은 저녁 같은 때 비게 되고 그러니깐은 그런 게 또….

면담자 그러면 아버님은 지금 올라오셔 가지고, 가족들과 관련되는 활동이나 이런 거는 거의 참여를 안 하시는 거예요?

지현 엄마　　예, 안 하니까는…. 그니깐 아무래도 저 같은 경우는 돌아다니면서 이렇게 힐링도 받고, 우리는 저희 반 같으면 3반, 대구 사람들하고 또 친해요. 그래서 대구는 한 번 내려갔어요. 우리 반 많이 [여러] 사람들하고 지현이 아빠도 한 번 내려간 적 있었는데, 저 같은 경우엔 한 세 번 정도 갔나? 대구에. 대구 사람하고 이렇게 해가지고 가면, 그런 게 엄청, 아무래도 같은 사람들끼리 마음이, 그 사람도 우리 도와주는 저기고 그러니깐 마음이 편해요. 그래서 이렇게 힐링하고 다니는데, 지현이 아빠는 그런 게 없으니까 아무래도… 더…. 근데 내가 그런 데 있으면 가자 그래도, 자기가 가는 거 싫어하니까.

또 시간도 시간이지만 시간 있어도 자기가 자꾸 사람들하고 어울리는 것도 싫어하고, 같이 이렇게 팽목항에 아니 거기 체육관에 오래 있던 사람 같은 경우에는, 한번 같이 밥 먹고 그러면 좋은데 그런 것도 싫어하고. 그냥 그런 거 싫어하니깐 워낙 성격이, 자기 형제들이 많아서 그런지 외로움 같은 거 잘 못 느껴요. 8형제 중에 자기가 여섯 번째거든요. 그러니깐 외로운 걸 못 느끼더라구요, 별로.

지금은 형제들이고 뭐고 다 싫어하더라구요. 지현이 사고 나고서부터 다 불신이 생기나 봐요. 뭐 조금 저기 하면 서운하다 생각하고…. 자기네들은 다 생각하는 게 있어. 부모[한테]나 자기 자식이지, 그 사람들은 조카니깐 아무래도 틀리잖아요. 그 사람들은 사고 났을 때 그때만 안됐다 생각하겠지 뭐, 지금까지 계속 그 사람들이 지현이한테 뭐 얼마나 저기 하겠어요. 근데 지현이 아빠는 모든 게,

장례 때고 뭐고 다 그런 게 서운한가 봐요. 형제들한테도 그렇고…. 그러니깐 좀 그런 게, 생각하는 게 틀린[다른] 거죠, 아무래도.

면담자 그러면은 아버님이 직장으로 복귀하신 거는 언제쯤?

지현 엄마 작년 1월 1일 날부터 그랬어요, 네. 그러니깐 [지현이] 찾고 나서 두 달 정도 있다가….

면담자 그럼 그 이후로는 직장만 왔다 갔다 하시고 뭐 다른 건 안 하시는 거예요?

지현 엄마 예, 안 하는 거죠. 꼼짝도 안 하는 거죠. 당직 때 한 번 여기 와가지고, 당직 때 한 번, 한 번 정도? 한두 번 정도 나타났었나? 우리 반, 3반 당직 때? 그때나 오고. 자는 팀이 있어요. 근데 오늘 같은 경우에도 우리 반 당직인데 우리가 순서예요. 우리랑 김담비랑 같이 순선데, 이런 때 와서 하룻밤 자야 되거든요. 저녁 늦게까지 있다가 가야 되고 그런데, 오늘 같은 때는 눈이 그러니까 못 오고. 다음으로 바꿔달라고 내가 얘기해서 다음으로 바꾸는 건데. 그런 때만 오지, 특별하게는 오는 거 싫어하더라구요. 사람들하고 어울리는 것도 싫어하고 그러니깐 아무래도 더 힘들지. 아무래도 혼자 저기 하니깐. 같이 나와서 같이 욕하고 같이 저기 하고 그러면 그런 게 좀, 저 같은 경우에는 많이 좀 저기 되거든요. 근데 지현이 아빠는 좀 그런 게 안 되니깐… 힘들어하지.

면담자 지현이 아버님은 원래 어울리는 걸 싫어하셨던 거예요? 아니면 이번에 좀 바뀌신 거예요?

지현 엄마　　이렇게 성격이 좀 저기 막 저긴 [활달한 건] 아니에요. 자기 형제들이 많으니깐 이렇게 막 그런 게 없더라구…. 근데 좀 친하면 금방 저긴[친해지는]데 그런 게….

면담자　　어머님 걱정되시겠어요.

지현 엄마　　그래서 요즘 좀 그런 게 있죠, 힘들었어요. 근데 오늘 좀 나아지긴 나아진 거 같은데 모르겠네. 이따 봐야지 알지. 그래서 오늘도 날짜를 바꿀까, 다음 주로 바꿀까 어쩔까, 막 그러다가 또. 자꾸 혼자 나와서 [집이] 비면 자기가 또 혼자 있으니깐, 아무래도 자꾸 맘이 저기[우울] 해질까 해서 어쩌까 어쩌까 하다 어제 저녁에 나왔죠. 들어가서 저기 했는데 어제 교수님 전화 오셔서 그냥….

면담자　　그러면 복귀하시고 나서 직장은 어땠는지? 1년은 더 다니신 건데.

지현 엄마　　직장 다녀도 직장에서도 자꾸 회식 같은 거 하고, 또 사람들 오면, 얘기하다 보면, 아무래도 자꾸 안됐다는 식으로 그렇게 [얘기] 하잖아요. 직장 다녀도 그런 게 또 힘들 때 힘들고…. 회식 같은 것도 안 가다가도, 회사면 이렇게 정기적으로 두 달에 한 번 정도 회식으로 회사에 돈이 나오니깐 [회식을] 가게 돼요. 그런 때 술 먹으면, 옆에 사람들이 다 자기네 경험, 자기네 자식 죽고, 막 요새는 막 그런 교통사고도 많고 그런 게 있잖아요. 그런 것도 얘기하고서, 자기도 그런 일 있었다면서 또 얘기하면 자기도 좀 울고 오고, 회사에서 그런 게 있더라구요.

면담자 이거 다 낫고 언제 복귀하시는 거예요?

지현 엄마 다음 주 월요일 날…. 이번 주 금요일 날은 실밥 뽑고, 눈은 내일 실밥 뽑고.

13
2016 단원고 졸업식, 지현이 중학교 친구들 이야기

면담자 마지막으로 하나만 더 여쭤볼게요. 며칠 전에, 아직 다른 학교들은 졸업식 안 했는데 단원고는 미리 했잖아요. 그리고 이제 졸업한 친구들이 딱 그 참사를 겪은 친구들이잖아요. 혹시 졸업식 갔다 오셨나요?

지현 엄마 아뇨. 안 가죠, 절대. 학교는 가끔가다 청소하러 간 적은 있어요. 우리 반 사람들하고 청소하러 갔는데, 그리고 지금 없는데, 또 지금 못 올라온 애들도 있잖아요. 근데 하면은 또 같이 해야 하니깐…. 현철이 같은 경우에도, 현철이 엄마가 현철이 보고 싶으면 학교로 간대요. 우리는 추모관 같은 데다, 저희는 일요일 같을 때 쉬면은 지현이한테 추모공원도 갔다 오고 그러는데, 개[현철이] 같은 경우에는 갈 데가 없으니깐, 거기 가는데 같이 아무래도 같이 가야죠.

면담자 당일 추모 행사 있었잖아요. 혹시 그날 오셨는지?

지현 엄마 아니 안 왔었어요. 그날도 안 왔고. 그냥 우리 반 사람이 그날 이사 가가지고, ☆☆이네. 우리 반에 [이제] 애가 없는 집이 세 명이 있거든요. [아이가] 하나밖에 없는 데가[집이] 세 명인데, ☆☆이라는 애가[네 집이] 이사 갔거든, 저쪽으로. 그래서 그 집에 엄마들끼리 같이 그 집 갔다가 또….

면담자 그러면 외동딸이었던 친구들 엄마들 모임이 따로 있어요?

지현 엄마 아니요. 따로 이렇게 친한 엄마들, 우리 반에서도 이렇게 친한 엄마들끼리 어울리는 팀이 따로 있어요. 그러면 여덟 명 정도가 그러면 그 집에 가가지고 거기서 점심 먹고.

면담자 그날 좀 이런저런 얘기도 많이 나왔을 것 같은데….

지현 엄마 우리 조카가 신길고 다니거든요. 이번에 자기 거(울음) 꽃다발 사면서 지현이 것까지 같이 사왔더라고…. 거기 신길고도 요번에 졸업했대요, 1월 달에. 그래서 "니네는 왜 그렇게 빨리했니?" 그랬더니 조카 거만 사기 그러니깐, 지현이 거까지 꽃다발 하나 사왔다고. 갖다가 방에다 꽂아주라고…(울음)(침묵). 그런데 지현이 아빠도, 지금 생각해 보니 연말정산 있잖아요? 사망신고 해야 되는 거 아니냐 그래서, 그런 게 신경 쓰이니깐 회사에서는 작년에도 그랬는데, 그래서 기냥 놔둬보자고. 어차피 영결식 끝나면. 그때 어차피 저기 하니깐 영결식 때까지만 놔두자고. 이제 자꾸 회사에는 자기는 어차피 애가 살아 돌아오는 것도 아니고…. 사망신고도 해야 되는 거 아니냐고 그런 식으로 자꾸 얘기해요. 근데 아직은…. 그냥 어차피 이거 다 정리되면, 인양 끝나고 나면, 영결식 하면….

면담자 영결식… 인양하고 다 이렇게 돌아오면 그때?

지현 엄마 영결식 할 거 아네요. 그때 되면 어차피 그때. 끝내더래도 그때 끝나야지 하죠. 그때면….

면담자 지금 그러면 전부 사망신고 같은 것들이 아이들이 안 돼 있는 상태인가요?

지현 엄마 한 애들 있고, 안 된 애들도 있고 그래요.

면담자 제가 오늘 기사 보니깐 그 병무청에서 입영통지서가 나온 아이들도 있다고 하더라고요.

지현 엄마 예, 예. 그런 것도 온 애들도 있고 그렇대요.

면담자 그게 사망신고를 안 해서 나온 거군요….

지현 엄마 그런 것도….

면담자 그게 그러면 가족협의회에서 일단 '이런 식으로 대응을 하겠다'라고 같이 입장을 결정한 게 있나요?

지현 엄마 현철이한테도 그때 왔다는 거 같애요. 그러면 현철이가 나이가 한 살이 더 많대요. 근데 현철이한테도 왔대. 작년인가 언제 왔다라고 그러는 것 같더라구요. 현철이 엄마가 그래 가지고 난리 치더라구요, 작년에도….

면담자 어머니도 사망신고도 아직 안 하셨고, 근데 예를 들어 핸드폰이나 이런 것들도 정지해야 되고 이런 것도 있잖아요?

지현 엄마 아니, 정지는 안 해놓고요. 지금 친구들이 아직 저기 하니깐, 그래서 요번까지 3만 8000원짜린가 얼마 해놨다가, 3만 9000원짜리 해놨다가, 요번에 인자 1만 9000원짜리 최고 싼 거로 내려놨어요. 근데 저희 반 부모들 핸드폰 번호 없애지 않는다고, 일단정지 이렇게 해가지고 해놨더라구요. 핸드폰 번호는 놔두고, 4000원인가 얼마 빠져나가는 건데, 저는 근데 1만 9000원짜리 이렇게 해가지고….

면담자 친구들이 연락하고 이러나요?

지현 엄마 네, 네. 거기 메시지 같은 것도 그렇고, "올해 또 지현이 생일 때 찾아갈게요, 어머니" 그러더라구요. 그래서 작년에 부를까 하다[가], 작년에는 애들이 그때가 시험 보기 얼마 전이거든요. 애들 대입시험 그 수능 전에라 그래서 애들은 저기[오라] 하지 않고, 그래서 워낙 그때 정혜신 박사가 거기 가면은 애들 생일잔치를 해줘요. 다 이웃에서. 근데 워낙 그러면 애들 많이 볼 수 있잖아요. 저기 작가님들이 다 이렇게 해서 불러서 해주는데, 애들이 핸드폰이 이렇게 연락 오는 애들이 몇 명 있어요. 그래서 그때 봤으면 좋겠다고 그랬더니, 시험 끝나고 언제 봤으면 좋겠다[고] 저번에 연락이 와가지고 한번 친구들 만난 적 있었거든요. 그때 몇 명 온다 그래서 [갔더니] 세 명밖에 안 나왔더라고요. 그래서 세 명 애들 봐가지고, 보고 밥 사주고….

면담자　그 친구들은 단원고 친구들이에요?

지현 엄마　아니요, 단원고 친구들 아니고 다른 데… 친구들.

면담자　중학교 때, 초등학교 때?

지현 엄마　예, 중학교 친구요. 중학교 때 친구들. 그러고 단원고 친구도 하나 있긴 있는데, 아직 보기가 그래서. A라는 애가 지현이 짝꿍이에요. 수학여행을 안 갔대요. 근데 우리 동네 거기 먼저 살던 데 그 뒤에서 내가 얼굴을 많이 본 애거든요, A라는 애가…. 근데 아직은 그런 애들은 보기 좀 그래서…. 거의 다 안 보고 중학교 친구 애들만 몇 명…. 그러고 아직 걔네들이 또 이렇게 문자 같은 거 남길 때 있더라구요. 또 지현이한테, 자기네들 이렇게 뭐 하면. 그래서 그런 거… 그냥 어차피 애 있어도 핸드폰 5만 원씩 빠져나갔는데, 뭐. 그런 거 돈 얼마 빠져나가는 거 아까울 게 뭐가 있어요. 그런 거 소식이래도 듣고 그러면…. 그래서 "올해는 지현이 생일 때 찾아갈게요" 그러더라고. 그래서 애들 모여서 밥이래도 먹이고 그러면…. 근데 애들이 밝더라구요. 또 그렇게 그래서….

14
단원고 기억교실 존치

면담자 지금 학교 교실 존치 때문에 조금 시끄럽잖아요?

지현 엄마 그래서 교육청 피케팅하고, 오늘도 저희 반 교육청 피케팅하고 저번에도 한 번 갔었거든요. 근데 계속하는데 아직은 어떻게 정해진 게, 아직. 기냥 교실은 아직 놔두는 거[놔두어도] 되는데, 학교 막 공사하고 난리 친다 그러더라구요. 근데 저번에 말이, 교무실 같은 거를 컨테이너로 빼니 어쩌니 그런 말이 들렸거든요. 어떻게 되는 건지 아직 확실히는 모르는데… 아직은 교실을 마음대로는 안 없앤다는 거 같은데 모르겠어요. 인제 인양할 때까지만 놔둘 건지, 계속 놔둘 건지 어떻게 되는 건지 아직….

면담자 어머니 생각엔 어떻게 하셨으면 좋겠어요?

지현 엄마 저도 아직은 없애는 건 좀 그렇고. 나중에 추모관 생겨 가지고 추모관 쪽으로 이렇게 해가지고, 애들 교실 거기다가, 어떻게 책상 같은 건 다 버리긴 그렇잖아요. 사실 애들 앉았던 건데. 그렇다고 각자 집에 다 나눠줄 수도 그렇고[없고], 어따 그냥 처박아 놓는 것도 그렇고…. '그냥 추모관 나중에 생겨가지고, 다 애들 거기다 해놨으면 좋겠다' 그런 생각만 지금 하고 있는데, 그냥 없애는 건 좀 그런 거 같아요, 아직은.

면담자 아까 교실 청소하러 가실 때 몇 번 가봤다고 같이….

계속, 왔다 간 사람들이 책상 위에 선물 놓고 가기도 하고 그러죠?

지현 엄마 예, 예. 그래서 지현이 원피스도 놓고 가신 분도…. 지현이가 되게 착했어요. 화장 한 번도 안 할 정도로. 이렇게 멋쟁이가 아니에요. 지현이 아빠가 외려 매직[펌] 같은 것도 막 해주고 그럴 정도로, 꼬셔가지고. 뭐 사준다고 꼬셔가지고 매직 같은 것도 해[주]고 그러지.

면담자 곱슬머리였나 보네요(웃음).

지현 엄마 약간 머리가 푸시시해요. 숱이 많은 데다가 그러니까는 화장도 한 번도 안 해보고, 되게 엄청 착해요. 그런데 화장도 안 했다 하니 화장품 사다 주시는 분도 계시고, 원피스도 만들어다 놓으신 분 계시고, 그럴 정도로…. 학교에다도 갖다 놓으시고 그래요. 좋으신 분들이…. 쪽지도 이렇게 써놓고, 화장도 한 번도 안 해서 화장품도 이렇게 사다 놓고 그러신 분도 계시고….

면담자 갈 때마다 지현이가 마지막에 앉았던 자리니깐 좀 어머님 마음이 안 좋으시겠어요.

지현 엄마 그렇죠, 안 좋죠. 아무래도 있다가, 또 지현이 아빠가 '지금 있었으면 얼마나 좋았을까' 지현이 아빠가 계속 말해요. 나는 내색을 잘 안 하는 편인데, 지현이 아빠는 내색을 계속, "지금은 있었으면 시험 끝". 시험 보기 전에도 "지금쯤은 지현이 저기 했으면 저기 했을 텐데…". 지현이가 저기 한다고 짜증 내고 난리 쳤을 텐데, 시험 봤으면 지금 얼마나 좋았을까…. 지금 또 저기 하면 막 저기 하고 그랬을까? 지금도 인제 조카가 바로 거기 □□ 사는데 지현이랑 엄청 친해요. 사촌이라 우리 신랑 여동생[네 아이]. 그런데 지현이하고 같이 살면서 여직까지[여지껏] 한 번도 싸우지도 않고 엄청 잘 지냈는데, 걔를 보면서 지현이를 자꾸 생각을 하는 거예요. 인제 아무래도 자주, 조카다 보니까 자주 만날 기회가 많아요. 워낙 두 집은 여동생을 내가 데리고 있었거든요, 우리 시누이를. 그래 가지고 마음이 잘 맞아요. 저랑도 잘 맞고, 지현이 아빠랑도. 걔가 비위를 잘 맞추는 편이고. 시누가 복지관 다니는데 비위를 잘 맞추고 그래 가지고. 걔네랑 또 다른 형제들하고는 안 친해도, 그 집하고는 좀 친해서 잘 맞는데. 계속 지현이가 지금쯤 이랬을까 저랬을까, 계속 지금쯤 있으면 얼마나 저기 했을까 막 그러면서, 계속 혼자 떠들어요. 계속 그러니깐 그런 게 많이 아무래도… 힘들어하죠, 아무래도.

면담자 예, 오늘 참 어려운 말씀을 많이 해주셨습니다. 힘드실 것 같은데, 이 정도로 하고 여기서 마치겠습니다. 너무 수고 많으셨습니다.

3회차

2016년 2월 2일

1
시작 인사말

면담자 이 구술증언은 4·16 사건에 대한 참여자들의 경험과 기억을 기록으로 남김으로써 이후 진상 규명 및 역사 기술에 기여하고자 합니다. 지금부터 심명섭 씨의 증언을 시작하겠습니다. 오늘은 2016년 2월 2일이며, 장소는 안산시 정부합동분향소 내 불교방입니다. 면담자는 이호신이며, 촬영자는 장서연입니다.

2
안산으로 돌아온 이후 이야기

면담자 오늘은, 거의 한 2년 가까이 되어가는데요. 이제 다시 안산으로 올라오신 지도 한 1년 반 정도 되셨죠. 그 삶 중에서 가장 기억 남는 일화가 있다면 어떤 것들인지. 예를 들어서 아까 간담회라든지 이런 것들에 참여하신다고 하셨는데, 그런 부분들을 중심으로 말씀해 주십시오.

지현 엄마 저희 반이 쫌 대구랑 친해요. 그래서 올라와서 반 사람들하고 저 올라오기 전에도 많이 도와주고… 반 사람들하고도 어울리다 보니까, 같이 대구도 몇 번 갔다 오고. 대구에 한 세 번 정도 갔다 왔나? 그래서 대구 분들도 놀러 오시고, 또 다른 때 간담회, 제가 말은 잘 못 해요, 말주변이 없어서. 그래서, 쫌 유도리 있게 못 하기도 하고 간담회 가는 것 싫어하는데, 그런데 같이 가는 거, 여럿이 가는 거는, 독자적으로는 안 가고, 몇 명 가는 데 이렇게 껴서 가면 거의 말을 안 해도 되니깐. 그런 식으로만 가고. 요번에 〈나쁜 나라〉 간담회는 처음 간 거고, 저번에 〈다이빙벨〉 한 번 예은이 아빠하고 예은이 엄마하고 한 번 도봉구인가? 어디 거기 한 번 갔다 오고. 또 대전에 한 번, 예은이 엄마하고 한 번, 대구만 세 번 갔다 오고. 그러고 인제 총회 참여하고 당직 참여하고, 작년에 봄에 그때 광화문 행사 있을 때 그때 몇 번 갔었어요. 이제 그래 가지고 광화문 경복궁 앞에서 밤새는데, 한 번 밤샌 적 있어요.

면담자　　광화문에는 얼마나 자주 가세요?

지현 엄마　　행사 있으면은 그래도 몇 번 참석하려고, 뭐 제가 하는 건 없지만 그래도 이왕이면 그래도 머릿수라도 채워주려고 노력하는 편이에요, 앞에 나서지는 못하지만 그래도….

면담자　　그럼 주로 가서서 나서서 발언을 하신다거나 그러시지는 않고?

지현 엄마　　그런 것 못하고, 뒤에서 그냥.

면담자　　앉아 계시고, 참석하시고?

지현 엄마　　머리 숫자라도….

면담자　　대구에는 세 번 가셨다고 하셨잖아요? 그러니깐 대구에 특별히 더 자주 가시거나 한 이유가 있으세요?

지현 엄마 저희 반이 대구랑 친분이 있어요. 거기 옛날에 서명 다니고 그럴 때 대구분들이 거기서 ×× 씨랑 ×× 샘이랑 거기 선생님들이 잘해주셨대요. 워낙 좋으시더라구요. 워낙 대구가 박근혜 저기잖아요. 그런데 또 거기 의외로 좋은 분들이 많이 계시더라구요. 그래서 가게 되면 부담 없이 보통 한 열 몇 명도 가고, 그럴 정도로 가요. 얼마 전에도 왔다 갔어요. 요번에, 저 토요일 날 하는 거, 순례길 하면서 37분인가 오셨을 때도 온다고 저도 같이 나가서 배웅하고 같이 저기 하고 그럴 정도로.

면담자 그러면 그분들이랑은 계속해서 친분을 유지하면서 만나고 계시는 건가요?

지현 엄마 친분이 있죠. 네, 3반하고는.

면담자 네, 그게 3반만 그런 거고 다른 반들은…?

지현 엄마 다른 반들은 또 다른 분들하고 친한 분들이 있고, 그런 식으로 많이 활동들을 해요, 저희는 대구하고만….

면담자 그러면 대구에 가시면 주로 간담회나 이런 것들을 하시는 거예요?

지현 엄마 피케팅도 하고, 먼저는 영남대학교하고 달서구하고 피케팅도 하고, 또 연말에 옛날에 송년회 해가지고 전교조 선생님들하고 저녁 먹고, 여기저기 그런 거, 행사에 참여하고 그런 거.

면담자 그럼, 거기에 오시는 분들은 주로 어떤 분들인 거죠?

지현 엄마 전교조 분들도 계시고, 노동운동계, 대개 건설노조, 다 그런 거 하시는 분들이죠. 관심이 있으신 일반 저기[사람]들도 있고 그런데도….

3
가족협의회에의 참여

면담자 올라오실 때가 그러니까 국회, 특별법이라든지 이런 부분 국회에서 다 끝난 상태에서 올라오셨던 건가요?

지현 엄마 예, 끝난 상태에서. 거의 끝난 상태가, 아니 10월 29일 날이니깐, 국회 있을 때 아니 청운동 있을 때 사람 있었을걸요? [그렇지만] 지현이 올라오고도 그런 데는 가지는 않았죠, 그때는.

면담자 그러면 언제부터 가족협의회 활동에 합류를 하시게 된 건지요?

지현 엄마 올라와서 바로 했어요, 그냥.

면담자 장례 치르고….

지현 엄마 예. 장례 치르고 이제 총회 같은 거 가고 당직하고. 그때부터… 근데 아빠는 두 번, 당직 두 번 총회 두 번 정도. 또 회사 다녀야 하니깐. 자기는 성격이 또 그게 안 맞다고, 더 힘들다고 그래서 참석 안 하고, 제가 거의 [활동하는 편이에요]. 저는 어차피 일을 안 다니니깐. 한 사람은 거기 쫓아다니고, 한 사람은 저기[직장 다니고] 하자고, 그러면서 그런 식으로.

면담자 그러면 어머니께서 쫓아다니시는 게, 아까 그렇게 이야기하셨는데 '머릿수라도 채워주자'라는 뜻에서 활동하시는 거예요?

지현 엄마 그렇죠. 앞에서 나서서 일하는 사람들이 있으니깐, 그래도 한 사람이라도 더 나서면 아무래도 힘이 되겠죠. 앞에서 일하는 사람들이 낫죠. 아무 사람 없는 거, 총회고 뭐고 몇 명 안 나오고 그러면 저부터도 더 나와줬으면 하는 마음이 있거든요. 150가구, 한 100가구라도 나왔으면…. 지금도 사단법인 신청한 사람, 소송 신청한 사람들이 130 몇 명 된다는데, 요새는 한 50가구? 뭐, 많이 나와야 5, 60가구밖에 안 나오니깐…. 7, 80가구라도 나왔으면 하는 마음인데…. 저부터도 요번 주 같은 경우에는 [못 갔어요]. 구정 때, 이제 사고 나고부터는 친정을 못 가거든요. 사람들 오고 물어보는 거 이런 거 싫다고 지현이 아빠가 싫어하더라구요. 그러니깐 미리 갔다 오구. 이번 주가 총회였는데, 못 갔는데, 50가구밖에 안 써 있더라구요. 또 우리 반 엄마들도 보니깐, 내가 안 가면 또 쫘악 안 가요. 몇 명, 그나마 가던 사람들도 하나도 안 가고 그러니깐 그런 것도 신경 쓰이고. 그러니깐 한 7, 80가구 나왔으면 하는 마음이 좀 있죠. 앞에서 일하는 사람들이 힘이라도 나잖아요. 어차피 그냥 끝나는 게 아니니깐. 지금 뭐래도 좀 밝혀지는… 아직 인양 그런 것도 아직 안 되고 그랬으니깐. 하는 데까진 해야죠.

면담자　활동 기간이나 이런 것들이 점점, 계속 길어지고 있잖아요. 그리고 이제 정부의 움직임 이런 것들이 뚜렷하게 속 시원하게 없는데, 활동하시다 보면 지치기도 하고, 가족 수들이 줄어들고 그런 원인이지 아닐까 싶기도 한데… 어머니는?

지현 엄마　쉽게는 되는 건 없는 것 같아요, 이게. 옛날부터 5·18이고 [뭐고] 다 이렇게 보면, 쉽게 뭐든지 되겠어요? 뭐든지 숨기고 숨기고 다 그러는데. 우리 같으면 추모공원도 금방 될 것 같은데, 보니깐 올해 부지 선정되고, 내년에는 명칭하고, 2018년도에 삽 뜨면, 2020년도에 완공되면, 사람들이 "말하면 속 터진다"고 그래요. 그러니깐 실종자 부모들도 빨리 추모공원이라도 해서 인양하면은 자기네들 애들 그쪽으로 옮겼으면 그런 마음인데, 현철이 엄마 같은 경우에도, 그게 마음대로 되냐구요. 우리 마음대로 안 되니깐… 이것도, 사고도 났을 때 우리 맘같이 됐으면은 벌써 다 인양 끝나고 애들 다 찾고 벌써 다 했겠죠. 그런데 마음대로 안 되니깐… 안 되겠죠, 일단은….

면담자　어쨌든 쭈욱 기다리고 계속해서 활동하시겠다는 의지가 있으신 거죠?

지현 엄마　가야죠, 그래도 끝까지….

4
도보 순례, 청운동, 피케팅 참여 이야기

면담자 이제 올라오셔 가지고, 전에 이야기하실 때 도보 순례 갔다 오신 이야기도 하셨는데 그게 언제쯤이에요?

지현 엄마 작년[2015년] 2월 달에 안산부터 팽목, 진도까지 가는 거, 반마다 릴레이로 했거든요. 한 열 몇 명 정도는 계속하는 거 하고. 저희 반도 네다섯 명은 20일 동안, 19일인가? 19박 20일인가? 우리는 릴레이로 반마다 몇 명씩 해가지고 릴레이로… 걸어주는 거. 또 국민들도 같이해 가지고 한 거 있고.

면담자 무릎이 안 좋으시다고 하셨잖아요?

지현 엄마 근데 또 이게 계속 걷는 게 아니라, 한두 시간 걷고 또 쉬고 쉬고 하니깐 그것도 할 만하더라구요. 그냥 하루 종일 걷는 것 같으면 하다가 아마 빠졌을 거예요. 근데 두 시간 하다 또 쉬고 점심 먹고 또 쉬고 하니깐, 하루 정도 걷는 거는….

면담자 그러면 안산에서부터 팽목항까지 계속 참여를 하셨던 건가요?

지현 엄마 아니요, 저는 중간에만 두 번. 한 20일 정도면 [그중에] 이틀 정도만 했어요.

면담자 아, 그게 반별로 맡은 구역들이 릴레이로 따로 있었던 건가요? 그때 어디서 어떻게 그 경험을 자세하게 이야길 해주시지요.

지현 엄마　　저희가 평택에서… 오산서 평택까지 걸었나? 오산에서 평택까지 걷고, 그때 또 한 번은 광주 가기 전에 거기가 어디더라 담양인가 거기까지 걷는데, 그 전에서부터 담양까지 걷고 두 번 걸었거든요.

면담자　　그때 기억에 남는 일화라든지 느낌이라든지 뭐 없을까요?

지현 엄마　　그렇죠. 음, 그래도 사람들이 많이 국민들이 그래도 많이 붙더라구요, 여기저기서. 가족들은 그렇게 많이[하지는 않았는데] 한 50명 정도도 안 될 거예요. 50명 정도도 안 되는데… 국민들이 거의 한 200명 넘게씩 걸으니깐, 국민들이 릴레이로 계속 구역 구역마다 거기 시민들이 계속 따라붙어 가지고 다른 사람들도 계속 그래 가지고. 식사 같은 것도, 가면 간식 같은 것도 구역 구역마다 다 그분들이, 고마우신 분들이 많죠…. 자는 데도 그렇고 다 그런 분들이 다…. 어제도 〈나쁜 나라〉 갔는데, "나쁜 나라에 좋은 국민들이 있어서 그나마 견딜 수 있다" 혜원이 아빠가 그런 말씀하시는데 다 공감 가는 말이잖아요?

면담자　　청운동도 한 번… 가셨었어요?

지현 엄마　　청운동은 한 번 피케팅하러 갔었고, 기자회견 하러 갔었고… 그냥 그런 정도만.

면담자 피케팅은 그럼 직접 피케팅하고 어느 정도나 활동을 하셨어요?

지현 엄마 청운동 갈 때는 실종자들 따라서 갔어요. 그냥 실종자들 하는 데 뭐라도 도와주고 싶어서…. 우리 시연이 엄마가 거기를, 그런 거를 많이 따라다녔어요. 시연이 엄마가, 저도 혼자는 가는 스타일이 아니라… 시연이 엄마 따라서 한… 몇 번 갔던 것 같아요. 거기 갔다가 홍대 갔다가… 그런 식으로 몇 번 갔던 것 같아요. 저 광화문 피케팅도 몇 번 가고.

면담자 광화문에 이제 당직하러 자주 가신다고.

지현 엄마 당직은 2주에 한 번씩 가고.

면담자 당직 가면은… 이제 하시는 게 피케팅?

지현 엄마 그때는 피케팅… 먼저는 피케팅했어요. 요새는 저기 분향소하고 전시관에 있어요. 사진 찍어놓은 거 전시관, 거기 두 군데 지키는 거예요. 가서 리본 만들고 그 정도… 요번에는 또 저기도 갔다 왔어요. 위안부 할머니들 계신 데…. 애들 청소년들이 거기 지키고 있거든요. 그래서 거기도 뭐래도 따뜻한 음료수라도 사다 주자 [싶어서] 가자마자 거기 먼저 갔다가….

면담자 거기에는 같은 고통을 겪고 있다고 생각하셔서 가시게 되신 건가요?

지현 엄마 그렇죠. 마음이 같으니깐… 먼저 시연이 엄마가 "언니 거기 수요일 날 한번 가보자, 가보자" 했는데 어떻게 하다 보니 갈 기회가 없었어요. 수요일 날마다 집회가 있대요, 위안부 할머니들. 한번 가보자 했는데 이번 기회에… 저번 주에도 갈랬는데 못 가고 그래서 이번 주에 또 갔다 오고….

5
가장 속상하게 하는 것

면담자 그럼 이제 다른 질문으로 넘어가 보겠습니다. 지금 보니깐 참사 이후에 여러 가지 활동들을 하셨는데, 그러면서 본인을 가장 화나게 했던, 화가 나게 만들었던 사항들이 있다면, 그게 어떤 건가요?

지현 엄마 앞이 보이는데 밝혀지지 않는 게 화나겠죠. 그러고 일단은 지현이가 우리 집에는 희망이잖아요. 그래도 애가 있으니깐… 지현이가 없었을 때… 7년 정도 없었어요. 저희가 근데 그때 아마 계속했으면 [아이가 없었으면]… 그렇게 부부 금실이 그렇게 좋다, 좋은 사람들이 그렇게 드물잖아요, 죽어서 못 사는. 결혼했으니깐 그냥 맞춰서 살고 다 그런 건데… 〈비공개〉 걔가 또 없으니깐… 힘들었죠. 되게 그런 게 없는 게, 지금도 그런 게 하나죠, 아무래도. 사는 게 재미가 없으니깐 일단은. 걔 있음으로써 그래도 재미도 있고, 또 걔가 해달래서 못 해준 건 없지마는 그래도 걔 키움으로써 뒷바라지해 주고, 그래두 우리한테 사는 데 활력소잖아요, 자식이 그래도…. 그런 게 없으니깐… 지금도 지현이 아빠도 그렇고, 저도 그렇고 힘들고… 그렇죠. 그리고 되는 게 없으니깐 뭐든지… 쉽게 쉽게 될 것 같은데… 마음 같으면 추모공원도 빨리 빨리 생겨가지고, 인양이 빨리빨리 돼가지고 하고 싶은데, 그런 게 안 되니깐…. 그런 게 속상한 [거죠], 청문회 같은 데 가도 다 그냥 거짓말… 아니면 그냥 모른다…. 뭐가 있는 것 같은데… 그런 게 안 밝혀지니깐 일단… 그런 게 속상한 거죠….

6
위안이 되는 좋은 사람들과의 만남

면담자 그럼 이제 반대로 지난 세월 동안 본인에게 가장 위안이 되었던 적이 있을까요?

지현 엄마 제가 지금 많이 아팠거든요… 올라올 때까지만 해도 다리 [아픈 게] 엄청 심했었고… 그래서 진도에서 다리 관절[염]약을 몇 달 동안 먹을 정도로 심했는데, 올라와서는 인제 건강검진 바로 받았어요, 올라와서. 진도에서 오래 있다 보니까, 거기서도 건강검진 한 번 받은 적이 있었고, 나중에는 저기 또 교육청에서 해주는 게 있으니깐 와서 받았는데, 당뇨도 있었고, 그때 진도에서도 계속

체크했거든요, 당뇨 있나. 근데 당뇨는 없었는데, 혈압은 거기 가서 생겨가지고 거기서 약 타 먹으면서, 그때. 의사가 [안 좋다고 했는데] 지금은 [안산] 와서 살도 빼면서 당뇨도 떨어지고 혈압도 떨어진 게 그런 게 좋은 거고… 또 좋은 부모들, 좋은 사람들 또 같이 만났으니깐… 인연이 됐으니깐… 애는 잃었지만 그래도 옆에 좋은 사람들이 그런 게 생긴 게 좋죠….

면담자 어떤 좋은 사람들이?

지현 엄마 반 부모들도 그렇고… 그냥 선생님들도 그렇고, 그런 사람들이 많이, 저한테는 친한 언니들도 그냥 이렇게 상처 안 주고…. 저는 이렇게 같은 부모들이면 아무래도 애들 얘기하고 그러잖아요. 언니들 같은 경우에는 애들 얘기가 일단 없으니깐… 그런 게 마음이 마음적으로 그러니깐 이렇게… 친구보다도 언니들이 마음이 편하거든요. 사실은 이렇게… 같은 또래면은 애들[이] 같이 대학교, 같이 다 이렇게 친구들은 대학에 [가고 그럴 때잖아요]. 이번에도 고3짜리 모임이 있거든요. 언니들 같은 경우에는 애들을 다 키워놨으니깐… 그런 건 없고 그러니깐… 그러니깐 대체적으로 언니들을 많이 만나요, 평상시에. 제가 활동 안 하고 그럴 때는… 그냥… 저는 제가 전화해서 만나는 건수를 만드는 스타일이에요. "같이 언니 밥 먹자" 언니들도 전화하지만, 친한 언니, 언니가 또 많이 전화하지만, 제가 많이…[연락하기도 해요] 진도에서도 그렇고, 선생님들 물리치료 선생님들… "우리 선생님 밥 먹자!" 이렇게, 내가 거기 찾아가서 바깥에 나가서도 돈가스 먹으러 가고 그런, 제가 많이 저기 하는 스타일이거든요….

면담자 언니들이라고 이야기하시는 분들은 어떤 분들이죠?

지현 엄마 그냥 사회에서 이렇게 친한 언니들, 같이 옆에 살고 그랬던 언니들….

면담자 그분들도 그 이후에도 지속적으로… 만나고 계시는 거고, 그분들한테 위안을 어떤 부분에서 얻으시는 건 거죠?

지현 엄마 마음적으로도, 밥도 지금같이, 옛날 같으면 [혼자 먹어도 상관없었지만] 지금은 혼자 있으면 밥을 먹기 싫더라구요. 옛날에는 없으면 지현이하고도 둘이래도 된장찌개라도 끓여서 [먹고 그랬는데, 지금은] 밥이 막 굴러다녀도 밥을 안 먹게 돼요. 집에서 혼자 그냥 밥 한 끼도 안 먹고 있을 때도 많아요. 앞에 먹을 게 있으면 먹는데 안 먹어지더라구요. 옛날 같으면 계란찜이라도 하나 해서 먹고 그냥 먹는데, 요새는 안 먹는데… 언니가 그냥 밥 먹으라고 오라고 전화하고 챙기잖아요, 언니들은. 친구나 그런 사람들은 별로 안 챙겨도 언니들은 막 챙기잖아요. 밥 먹으러 오라고 전화하고… 그런 게. 일단은 갈 데 없으면 오라고 하고…, 마음이래도. 커피 마시자고 하고 그런 게 [위로가 돼죠].

면담자 4·16가족협의회 활동하시면서 만났던 분들이라든가 거기서 위안을 얻는다든가 이런 부분은 혹시 없으셨어요?

지현 엄마 그것도 반에 엄마… 승희 엄마라는 사람이 있어요, 우리 반에. 걔가 나보다는 한, 마흔여섯 되는 건가… 다섯 되는 건가… 마흔여섯 되나 봐요. 근데 그 엄마가 저를 많이 챙겨줬어요. 사진 같은 것도, 지현이 사진 같은 것도… 이렇게 하면은 항상 챙겨가지고 같이해 주고, 이렇게 부평 같은 데 가서 사진에 나무 같이 해서 추모공원 같은 데 넣어주는, 사진 같은 것도 해주고… 어디 가면 이렇게 꼭 챙기고 그런 식으로. 지금도 인제 반 엄마들이… 제가 나이가 많잖아요. 애기를, 지현이를 늦게 낳다 보니깐… 나이가 많아요. 근데 반 엄마들이 많이 챙기는데, 특히 승희 엄마가 [많이 챙겨줬어요]. 지금 직장 다녀서 요새는 같이 총회 같은 데나 만나고 잘 못 만나는데, 많이 챙기고.

옛날에는 도언이 엄마가 많이, 진도에 있을 때는 도언이 엄마가 많이 도와줬어요. 지현이 나오기 전에는… 도언이 엄마가 많이 도와줬어요. 지금도 이제 가끔가다 제일 고마운 사람이 도언이 엄마인데, 가끔가다 생각나면 "도언아, 밥 먹자" 이래 가지고 한 끼씩 먹고 그러는데, 지금은 승희 인제 가끔가다 그러고, 그 나머지는 저희 반 혜원이 엄마, 저기 소연이 엄마. 이렇게 광화문에 가는 몇 개 팀이 이렇게 있어요. 혜원이 아빠가 차 태워다 주고… 그래 가지고 엄마들, 영란이 엄마, 지숙이 엄마, 이렇게 몇 명, 반에서도 이렇게 친한 사람들, 그룹이 있어요. 이렇게 따로따로 두 그룹 정도… 따로 개인적으로 활동하는 사람들도 있고… 예은이 엄마, 시연이 엄마, 그런 사람들은, 도언이 엄마 같은 사람들은 따로따로 활동하고… 예진 엄마 따로따로 활동하고. 저희는 저희대로 몇 명 이렇게 같이 다니고… 그래도 그런 엄마들한테 많이 같이 함께 밥도 먹을 기회도 많고, 같이 총회 같은 데 나가면 같이 이렇게 만나고 맨날… 어제 같은 날도 〈나쁜 나라〉 간담회에도 같이 가고… 많이 볼 기회가 많죠… 아무래도….

면담자　주로 반 어머니들이랑 같이 활동을 하시는 건가요?

지현 엄마　그렇죠. 다른 반보다는… 같은 반끼리 이렇게 많이 그런 게 있죠.

면담자　반 어머님들끼리, 어머니나 그 안에서 관계나 그런 것들은 비교적 다 좋으신 거죠?

지현 엄마　저는 워낙 이렇게 누구 따로따로 노는 스타일이 아니라, 지금은 이제 그 사람들하고 친한데 나이가 많아서 워낙… 윤민이 언니나 이렇게 저쪽 팀하고 친해야 하는데, 얘네들이 맨 처음부터 승희 엄마가 챙겨 버릇해 가지고. 이쪽 팀하고 친하니까는 이쪽 팀하고, 젊은 애들하고 아무래도… 항상 조심스럽죠. 나이가 제가 많으니깐… 혹시라도 실수할까 봐. 항상 신경 쓰고 그런데…. 엄마들이 젊은 엄마들이 같이 놀아줘서 고맙죠.

면담자　또 뭐 이렇게… 같이 또 생각나는 분이라던가… 이렇게 도움을 받았다거나… 이런 분 더 없으세요?

지현 엄마　그러니깐 저희 반 도언이 엄마, 시연이 엄마… 제일

편한 사람이 시연이 엄마, 도언이 엄마거든요. 그러고 인제 승희 엄마, 그런 식으로. 시연이도 편해요, 시연이 엄마도. 핸드폰 저기 하면 지현이 것도 거기서 배에서 안 나왔거든요, 핸드폰. [지현이 핸드폰이 안] 나와 가지고 [없었는데], 지네 거기 친구, 저기 시연이 친구 엄마가 핸드폰 가게를 한대요. 거기 가서 지현이 중고 핸드폰 공짜로 해가지고 [줬어요]. 제가 핸드폰 같은 거에 워낙 관심이 없었어요. 그래 가지고 그냥 폴더폰 쓰고 그랬는데, 그런 거 하는 것도 아무것도 모르는데 [시연이 엄마] 걔가 다 깔아주고 그런 거 하듯이… 도움 많이 주죠. 시연이 엄마, 도언이 엄마. 도언이 엄마 인제 지금은 진도에 있을 때 많이 저기 했고… 지금은 이제 올라와서는 가끔가다 제가 그때 고마웠으니깐… 밥 한 끼씩 먹는 거죠. 시연이 엄마가 편하구… 편해요. 그래두 같이 이렇게 다른 반보다도….

면담자　　이제 활동들도 하셨고 화났던 것도 있었고 위안을 얻으셨던 것도 있는데… 그사이에 여러 가지 활동을 하셨는데 그 활동에서 아쉽거나 후회되는 점 같은 것들이 있으신지?

지현 엄마　　아쉽고…(한숨) 그냥. 그래도 광화문 같은 데 가서 작년에 광화문에서 하룻밤 잔 적이 있어요. 어우, 진짜 춥더라구요. 그때 4월 달이었나 5월 달이었는데도 진짜 얼굴이 한겨울같이 시릴 정도로다. 나 그렇게 추운지 몰랐어요… 그때도, 그때도 나는 혼자니깐 부모들도 안 가는 분들도 있지만은, 그래도 그때도 머릿수라도 채워주려고 같이 있는 거죠… 하룻밤 새고…. 한번은 밤새도록 있다가 광화문 거기를 못 뚫고 들어가 가지고… 밤 2시에 택시 타고 8만 원인가 택시 타고 내려온 적 있었어요. 승희 엄마랑 둘이서… 집에는 못 들어가고 승희네 집에서 잠깐 눈 붙이고, 아침에 또 올라갈 정도로 올라가고 그랬는데…. 그렇게 고생해도 되는 게 없으니깐….

지금도 그 앞에서 한상균 씨 같은 사람, 민주노총 그런 분들도… 지금도 다 가뒀잖아요. 저번에 거기 광화문 갔다가 그분 무죄라고 한상균 콘서트 거기 갔었거든요…. 거기 어디 프란체스코 성당인가? 어딘가 거기서 하더라구요. 그래서 갔는데… 그분 마누라, 쌍용자동차 그분들, 막 그분들만 그렇게 오셨더라구요. 친한 분들, 그렇게 그분들하고, 엄마 한상균 씨 엄마 음성으로 이렇게 해주고 그러는데… 앞에서 좋은 일하다가 다 그렇게 하는 거잖아요…. 그런 분들도… 죄가 있는 건 아니잖아요, 사실은.

이렇게 하다 보면, 사람이 많이 모이다 보면은 더 센 사람도 있으니까, 차 같은 것도 막 부수고 그러는 건데… 다 똑같지가 않으니깐. 성격이 다 똑같지가 않으니깐, 그것도 하고 싶어서 하는 게 [아니라] 그 사람들도 다 참을 수가, 울분이 참을 수가 없으니깐 그렇게 하는 거잖아요, 사실은…, 그게 하고 싶어서 그러는 게 아니라. 자기네들도 차벽 같은 거 원래 그런 거 다 불법인데… 자기네들은 다른 거 다 해놓고 우리한테는 다 저기[못 하게] 하고. 속은 시원했어요. 사실은 그때 5월 달에 한 번 그때 저기 했을 때 차벽 같은 거 저기 하고[부수고] 그래서. 언제 그랬어, 그때 그런 거 부서진

게 속상한 게 아니라 속은 시원하더라구요, 사실은. 가서 그때 저기 했을 때 마음적으로는 되게 편했어요, 사실은. 근데 저는 그렇게 다니면서 좀 그런 게 많이 위안이 돼요. 사람들 많이 도와주는 사람도 많고… 그러니깐.

7
4·16 참사 이후 남편의 변화, 보상 문제

면담자 그러면 이제 어머니가 활동을 하셨던 것 중에서 아쉽거나 후회되는 점은 어떤 게 있나요?

지현 엄마 그런 건 없어요… 내[가] 하는 데서 그냥 최대한 하려고, 그냥 어차피 제가 말주변이 없어서 어디 가서 나가서 저기는 [못하고] 뒤에서 그냥 이렇게 하는 저기라, 제가 할 수 있는 한에서는 하려고 그래요. 그런데 지현이 아빠가 자꾸 걸려서 그런 게 신경 쓰여서 그러죠. 혼자 자꾸 놔두고 가면 아무래도 밥 같은 것도 그렇고…. 저 사람 또 잘못 마음먹어서 잘못 어떻게 될까 봐 그런 게 신경 쓰여요, 사실은. 어제 같은 때도, 늦게 오고 어디 가면 보통 늦게 와요. 한상균 콘서트 갔을 때도 11시에 오고, 어제도 10시 돼서 오고, 가면 아침에 일찍 나갔다 9시에 나갔다가 그렇게 오니깐 그런 게 너무 기니깐 시간이… 그런 게 좀….

면담자 그러면 아버님 같은 경우는 계속 직장이랑 집만 왔다 갔다 하시는 거구, 이제는 직장 관두셨으니 주로 집에만?

지현 엄마 모르죠, 어떻게 될라나…. 자기는 뭐라도 한다고 했는데… 가만히 있진 않는대요, 자기도. 그러니깐 뭐라도 한다고 그랬는데 모르죠, 어떻게 될지…. 힘들어서… 마음적으로도 어디 가서 하는 게 쉽지 않죠. 그러고 일단은 누가 없잖아요. 돈 [벌어서 챙겨야 할] 애가, 희망이 없잖아요. 그런 것도 욕심 없고… 지금 있는 돈도 남아돌아요, 사실은. 지현이 아빠가 회사 다녀도 연봉이 7000 넘어가지고 월급도 괜찮았거든요. 그래서 저도 직장 다니지 말고 그냥 쉬라고 그럴 정도로… 회사가 돈이 엄청 잘 나왔어요. 성과금이고 뭐고 돈 주는 거 진짜… 착착착 줄 정도로… 사는 게 괜찮았거든요. 아쉬움 없이 그렇게, 지현이도 욕심 같은 거 안 부리고 메이커 같은 것도 사 달래[는 법이 없고], 학원 보내준대도 지가 안 갈 정도로 욕심이 없었으니깐. 일단은 사는 데는….

그런데 지금은 그런 게 없으니깐 일단은 재미가 없어요, 사는 게 사실은. 그러니깐 그런 얘기하고서 지현이 아빠한테 마음 편하게 그만두라고. 회사 저기 해도 다 사직서 내고, 그래서 자기도 인제 워낙 요번 주부터 야간 들어가고 그랬던 거거든요, 사실은. 근데 누구라고는 자세히 이야기 안 하는데… 누가 인제 누가 옆에서 기분 나쁜 말을 했던 것 같아요. 워낙 싸우는 성격도 아닌데… 자기가 하는 말이 "지현이가 있었으면 이렇게 저기 하게 나오지 않았을 거라고" 아마 그 말 하더라구요. 근데 이제 지현이가 없으니깐 한마디 한마디가 상처가 되니깐 지금 같은 계기가 됐겠죠…. 전화도 안 받고 계속 꺼놓고 있더라구요. 내가 아침에 회사 가서 그래도 소개시켜 준 사람도 있고 그러니깐 인사하고 오라고, 가서 사직서 내고, 그래도 그게 아니라고. 핸드폰 충전시켜 놓고 그러고 나왔거든요, 아침 일찍.

면담자 아버님이 직장을 다니시고 월급도 받고 하셨는데…. 인제 그 언론이나 이런 데 보면 보상금 얘기 같은 것도 나오잖아요.… 그런 부분들은 어떻게 하셨는지?

지현 엄마 그러니깐 그런 것도 사실은 짜증 나요, 진도에 있을 때부터. 실종자[로] 있을 때부터 누가 돈을 "실종자 저기는 돈을 더 준다더라" 그런 말도 되게 힘들었거든요, 사실은. 지금도 돈 같은 거 하나도 안 반가워요. 애가 없는데 뭐 돈이…. 내가 몸만 내가 벌어서도 얼마 쓸 정도로 능력 있거든요. 저도 지금 나가도, 어디 가도, 저도 파트타임 알바도 해보고 파출부 같은 것도 다니고, 이렇게 식당 같은 데 알바도 하고 그랬거든요.

놀진 않았어요, 지현이 있을 때도…. 지현이 애기 때부터 부업하고… 막 지현이 초등학교 2학년 땐가 그때부터 저녁엔 일 안 다니고 낮에만 식당에 알바 다니고 그랬거든요. 근데 지현이가 혼자니깐 저녁에 오후에는 일찍 끝나는 걸로 다닐 정도로 저기 했으니깐, 돈에 구애는 안 받았으니깐…. 그런데 지금도 돈 같은 거 있는 자체도 짜증 나요. 이렇게 있는 것 자체도….

그리고 옆에서 돈 있으면 〈비공개〉 '저[자기] 돈 안 주나?' 다 그런 생각, 자기네들한테 얘기할 필요가 없잖아요, 사실은. 누가 내가 보상받은 그런 게 즐거워서, 내가 로또 맞은 거 같으면 다 나눠줘요. 그런데 그 돈은 그런 돈이 아니잖아요. 〈비공개〉 옛날에 내가 로또가 되면 내가 □□하고 우리 □□□□하고 나눠준다고, 내가 옆에 사는 사람들 두 집이 제일 저기 하니깐 나눠준다고 할 정도로 그랬거든요. 근데 지금은 이 돈은 그런 돈이 아니니깐…. 지금은 소송 걸고… 지금 성금이 좀 남은 게 있어요. 그런 돈도 놔두는 자체도 짜증 나고…. 사람들도 저기 한 사람들은 뭐 어따가 투자해 놓고 집 같은 것도 사놓고 그런데, 우리는 그냥 은행에다가 처박아 놓고 있거든요. 그냥… 근데 그런 것도….

그래서 지금 '□□□책놀이터'만 지금 제가 봉사 다니고 있거든요. 지금 제가 지현이를 절에 갖다 놨어요. 저희 스님이 세월호 사고 나서, 우리 스님이 조계종 저긴데 오셨더라구요. 그래서 지금 세월호 사고 나고 '□□□책놀이터', 고아, 절에[의] 밑에 고아원이 있어요. 고아원이 있고 지금은 거기도 책, 절에도 책놀이터 있고, 고아원 애들 와서 이렇게 책 같은 거 볼 수 있게 해놓고 한 달에 한 번씩 짜장면 같은 것들 먹이고 이런 봉사해 주시거든요. 지금 □□ 초등학교 옆에 '□□□책놀이터'라고 있어요. 근데 거기는 이제 아침, 뭐 그쪽만 해도 가난하대요… 애들이. 그러니깐 여기 한 2, 30년 조금 전으로, 이혼한 가정, 다문화 애들, 그런 애들, 아침 못 먹는 애들 그런 애들 아침에 밥 봉사하는데, 거기서 저는 수요일 날마다 가서, 워낙 [원래] 금요일마다 갔는데… 수요일 날 사람이 없다 그래서 수요일 날 아침마다 가고, 요새는 방학 때는 점심때 가서 봉사하고 그랬어요. 그런 것만 하고… 또 지현이 생일 때만 작년에 100만 원 내놓고… 지금은 갈 때 이제 애들 카레 같은 거, 식혜 같은 거, 그런 거 초코파이 같은 거만 봉사하고 있어요. 아직은 지현이 돈은 건들고 싶지 않아서…. 그런 거 돈은, 성금 같은 거, 아직은 마음이… 그냥 이렇게 누구 저기 하는 것도 그렇고 건들고 싶지 않아서 그런 거 같아요.

면담자 　그 성금만 일부만 받으신 건 거고…. 소송에 참여하고 계신 거죠?

지현 엄마 　〈비공개〉 요번에도 구정 때도 우리 큰집이 여기 고잔동이에요. 15단지, 이마트 여기…. [그런데 지현 아빠가] 안 간대요. 형들 말하는 것도, 지현이 아빠는 그런 거 소리 듣기 싫은 거예요. 그래서 자기 어디 갔다고 그러고, 둘이 다 가지 말자고, 가지 말자 그래요. 어디 간다 그러고, 가지 말자고 그럴 정도로….

워낙 형제들이 우애가 좋았어요. 옛날에 우리 시댁에 형제들이… 지금 아버님 시골에 혼자 계시는데 우애가 되게 좋았거든요. 남들이 다 부러워할 정도로 좋았는데…. 지금은 점점 인제 그렇게 요번에 사고 나고 지현이 아빠가 다 서운한가 봐요. 형제들한테…. 이렇게 그냥 와서 아무것도 아닌데, 말 한마디 한마디 하는 것도 그렇고. 그 사람들은 평상시랑 똑같은데…, 그냥 말하는 건데, 자기 딴에는 다 서운하게 듣고. 〈비공개〉 친척 결혼식 같은 데도, 시간이 많으니깐 지현이 아빠한테 가라는 식으로. 지현이 아빠는 지금 마음이 그런 데 가고 싶은 생각이 없거든요. 결혼식 같은 거…. 내 자식도 없는데… 그런 데 가고 싶겠어요? 요번에 막내네 아버지 돌아가셨을 때 초상집은 어쩔 수 없이. 그 사람도 많이 도와줬으니깐 거기는 갔다 왔는데, 결혼식은 특히 안 가고 싶은데 그런 데 가라고 그런다고 자기한테. "내가 그런데 갈 마음이냐고… 지금?" 이러면서 그런 게 많이 상처가 되나 봐요. 지현이 사고 일어나면서 그런 게 많이 힘든 거죠.

회사에서도 자기 힘들었다고 그러더라구요. 사람들은 자기 회식할 때 가도, 요새는 사고로도 자식 잃고 그런 게 많잖아요. 누가 옆에 와서 그런 얘기 막 하고 그러면, 그런 것도 상처가 되고…. 근데 우리 지현이가 사고 난 게, 바로 교통사고 나서 바로 저기 한 게 아니고 이거는 또 다른 저기잖아요. 그러니깐 더 힘들고….

8
4·16 참사 후 변화와 삶의 목표

면담자 그러면 이제 좀 다른 질문으로 넘어가 보겠습니다. 이 4·16 사건이 어머님의, 세상에 대한 세상을 바라보는 관점이나 삶에 대한 태도에 변화를 가져왔다고 생각을 하십니까?

지현 엄마 그렇죠. 언론도 그렇고. 사고 남으로써…. 옛날에 우리가 정치 관심 없었잖아요, 진짜…. 나라 돌아가는 거고 뭐고 [관심도 없었고], 옛날에 [누가] 사고 나서[났다고 하면] 그냥 안됐다… 그럴 정도만 했는데, [세월호 참사가] 일어남으로써 그냥 우리같이 똑같이 아픈 사람들도 많이 알게 되고. 지금 그리고 또 우리 일어남으로써 이거 밝혀 가지고, 나중에 이런 사고, 큰 사고 똑같이 계속 [난다든가], 더 힘든 사고[는] 또 안 났으면 하는 마음으로 하긴 하는데… 그래도 많이….

면담자 이전에는 정치나 뭐 이런 거에는 크게 관심 없으셨어요?

지현 엄마 그렇죠. 관심이 없었죠. 그리고 거의 다 많이 믿는 편이었죠. 테레비 같은 데 나오면은…. 그런데 지금은 한 3분의 1도 믿을까 말까, 종편 같은 것도 그렇고…. 저기 같은 것도 제대로 저기 한[불리한] 거는, 자기네 저기 하는 것만, 이익 되는 것만 저기 [방송] 해주고 거의 안, 거의 못 믿죠. 거의 믿는다고 볼 수가 없죠. 지금도 자기네들 저기 한 거는 하나도 내보내지 않겠죠. 좋은 것만 내보내겠죠. 지금 세월호 얘기도 제대로 해주는 곳도 없잖아요. 사고 났을 때부터 그냥 다 오보 같은 것만 내주지. 기자들 많이 오고 그랬어도 제대로 해주는 것도 없으니깐. 그러니깐 믿음이 사라진 거죠. 많이, 지금, 사고 남으로써….

면담자 그 믿음이 사라지셨는데, 그러면 어머님이 직접 보시거나 같이 활동하시는 분들의 이야기에 주로 의존해서 판단하시는 건가요?

지현 엄마　　제가 볼 때도 그렇죠. 다 위에 사람들, 거기 진도에도 오래 있다 보니깐은 다 진짜 똑똑한 사람 다 만나고 그랬는데, 그때부터도 박근혜 대통령부터도 그렇고, 다 그 사람들도 다 시키는 것만 하고, "다 해준다" 그래도 해주는 것 없고…. 진짜 누가 나서서 딱 저기 했으면은, 그때도 사고 났을 때도 딱 한두 달 하고 그때 [끝났을 텐데]. 빨리빨리 누가 책임지는 사람도 없잖아요. 세월호 사고, 이렇게 큰 사고가 … 젊은 애들 그렇게 많이 죽고 그랬어도… 책임지는 사람 없고… 누가 책임지고 딱딱딱 했으면. 저번에 중국 같은 데 사고 난 거 같이 딱 해가지고 인양 딱 하면 그 사람들 딱 끝내는데…. 서로 책임 안 지려구, 나 몰라라 하니깐 지금 이것도 이렇게 가는 거잖아요. 사실은 누가 책임지고 가면은 사고도 이렇게까지 길게까지 가지 않을 것 같아요. 다 서로 비리에다, 비리에다 하니깐은 이게 다…. 이렇게 나라가 엉망이 되는 거죠.

면담자　　그러면 이제 앞으로 남은 삶에서 추구하고자 하는 목표나 이런 것들이 있다면, 어떤 것일까요?

지현 엄마　　지현이 아빠하고 나하고 몸 건강하게 서로 지켜주는 거죠. 몸 아프지 말게…. 누가, 지현이가 있었으면은 한 사람 저기 아파도 한 사람 있으니깐 마음이 좀 편할 것 아니에요, 지금보다는. 지금 같은 경우엔 둘이 밖에 없으니깐 일단 한 사람 저기 하면 한 사람 힘들 것 아니에요. 그런 게 걱정되고 많이 그러죠. 저는 그래도 많이… 지금 같으면 지현이 아빠가 많이 걱정돼요. 사실은 돌아다녀도 그렇고, 혼자 놓고 다니는 게 많이… 생각 잘못할까 봐 그런 것도 그렇고. 걱정이 좀 많이 [되어서] 그런 게 힘들어요, 사실. 늦게 오고…. 낮에 잠깐 갔다 오는 건 괜찮은데, 밤에 늦게까지 이렇게 광화문 같은 데 가면, 뜻하지 않게 한상균 씨 콘서트 가면, 늦게 내려오고 그러면 그런 게, 밥보다도 그런 게 힘들고, 그 사람은 그 사람대로 또 나 늦게 들어오면 자기는 자기대로 힘들고…. 나는 나대로 마음적으로 괜히 불편하고…. 그런 게 조금 힘들고 그러니깐, 건강 챙기면서 살아야죠 뭐.

9
마무리

면담자 4·16과 관련해서 진상 규명이라든가 이런 것들은 어떻게 전망하고 계세요?

지현 엄마 언젠간 되겠죠. 그런데 시간이, 금방 될 거라고 생각 안 해요, 저희들도 가족들도 그렇고. 세월이 흐르다 보면 뭐든지 그래도 밝혀지지 않을까요? 어느 정도는, 완전히는 아니래도 어느 정도까지는. 시간이 걸리겠죠. 근데 이제 앞에서 일하는 사람들이, 부모들이 저기 해야 되는데 그게 힘들어서 그게 좀… 근데 지치진 않겠죠. 부모들이니깐… 자식의 엄마들이니깐.

면담자 　진상 규명 자체가 어머니한테는 어떤 의미인 거죠?

지현 엄마 　그래도 마음… 어느 정도 밝혀지면 마음이래도 지금보다는 가볍겠죠. 얘가 왜 그랬을까. 사실은 불쌍하잖아요, 애들이. 지금 우리보다도 간 애들이 불쌍하잖아요. 좋은 세상 조금이라고 더 살았으면(울음) 그래도 지 하고 싶은 것 하고, 그래도 있는 것도 더 먹고. 지금도 천국이 있는지 지옥이 있는지 그런 건 몰라요, 사실은. 애들이 불쌍하니깐 일단은… (목소리가 떨림) 개네들이 같이 놀지 어떨지, 앞을 못 보니깐 그런 거 모르는 거잖아요, 사실. 근데 믿고 있는 거죠. 같이 놀겠지. 생일 때 같을 때도, 와서 친구들하고 같이 케이크 맛있게 먹고 잘 놀고 있어 니들끼리…. 나중에 저기 하면 저기 할 테니깐…. 우리가 밝혀줄게 그러지. 아직은 저기 하면 그래도 애들 떳떳하게 보려고 부모들 저기 한다고 하는데…. 저 같은 [경우엔] 절에 다니니깐, 다른 데서 더 좋은 데서 태어났으면 하는 마음도 있고…. 지금보다 다시 태어나서 더 좋은 데[에서 잘 살았으면 하는], 그런 마음도 사실 들어요…. 앞을 못 보니깐…. 그래도 불쌍해요. 애들 그렇게 됐다는 게…. 간 애들이 불쌍한 거죠…(목소리가 떨림).

〈비공개〉

면담자 　마지막으로, 지현 어머님이 꼭 하시고 싶은, 남기고 싶으신 이야기가 있다면 어떤 게 있을까요?

지현 엄마 　잘 모르겠어요. 무슨 말을 제가 무슨 말을 하는지도 모르겠고. 그냥(한숨) 좋은 사람들 많이 저기 해가지고 〈비공개〉 그래도 제대로 굴러가는 나라가 [되고], 좋은 사람들 많이 저기 해가지고 그런 나라가 됐으면 하는 게 저기죠[바람이죠]. 세월호 사고도, 그래도 뭔가가 밝혀져서 쫌, 지금보다는 마음 편하게 살 수 있으면 그것도 좋은 거고. 어차피 살아야 되니깐 우리도. 그렇다고 우리가 죽어서 애들한테 가는 건 아니잖아요. 사실은 가도 만날지 안 만날지도, 못 만날지도 저기도 장담도 못 하고 사실은…. 그러니깐 지금보다도 살기 좋은 나라가 될라면 그래도 양심 있는 사람들이 많았으면 좋겠어요, 지금보다.

면담자 네, 그럼 오늘 여기서 마치겠습니다.

지현 엄마 감사합니다.

4·16구술증언록 단원고 2학년 3반 제8권

그날을 말하다 지현 엄마 심명섭

기획 편집 4·16기억저장소 | **지원 협조** (사)4·16세월호참사가족협의회

펴낸이 김종수 | **펴낸곳** 한울엠플러스(주)

초판 1쇄 인쇄 2019년 4월 1일 | **초판 1쇄 발행** 2019년 4월 16일

주소 10881 경기도 파주시 광인사길 153 한울시소빌딩 3층

전화 031-955-0655 | **팩스** 031-955-0656 | **홈페이지** www.hanulmplus.kr

등록번호 제406-2015-000143호

Printed in Korea.

ISBN 978-89-460-6720-2 04300

978-89-460-6700-4 (세트)

* 책값은 겉표지에 표시되어 있습니다.